# ##tudes Pr##liminaires Pour Servir ## L'Histoire Des Normands Et De Leurs Invasions [A Tr., by the Author, of Vol.1 of Normannerne].

Johannes Christoffer H.R. Steenstrup

# ÉTUDES PRÉLIMINAIRES

POUR SERVIR

# A L'HISTOIRE DES NORMANDS

## ET DE LEURS INVASIONS

PAR

**Johannes STEENSTRUP**

AVEC UNE INTRODUCTION DE E. DE BEAUREPAIRE

SECRÉTAIRE DE LA SOCIÉTÉ DES ANTIQUAIRES DE NORMANDIE

PARIS

HONORÉ CHAMPION, LIBRAIRE

*15, quai Malaquais, 15*

1881

# ÉTUDES PRÉLIMINAIRES

POUR SERVIR

# A L'HISTOIRE DES NORMANDS

## ET DE LEURS INVASIONS

# ÉTUDES PRÉLIMINAIRES

POUR SERVIR

# A L'HISTOIRE DES NORMANDS

## ET DE LEURS INVASIONS

PAR

**Johannes STEENSTRUP**

MEMBRE DE LA SOCIÉTÉ DES ANTIQUAIRES DE NORMANDIE



CAEN

TYP. F. LE BLANC-HARDEL, LIBRAIRE

RUE FROIDE, 2 ET 4

—

1880

*Extrait du Bulletin de la Société des Antiquaires de Normandie*

# INTRODUCTION.

Depuis quelque temps un intérêt très-vif s'attache en Normandie aux travaux historiques et archéologiques publiés en Danemark. Des affinités nombreuses d'esprit, de mœurs, de caractères, les souvenirs non effacés d'une origine commune, peut-être aussi certaines analogies dans la destinée politique, viendraient au besoin expliquer ces relations étroites et sympathiques, qui tendent à s'établir entre les deux pays. Cet état de choses, que nous nous bornons en ce moment à constater, doit encore reconnaître une autre cause.

En 1852, M. Jens Jacob Worsaae visita la Normandie, il séjourna successivement dans la plupart des localités les plus importantes et il entretint des rapports intimes et suivis avec la plupart des érudits de la province, notamment avec MM. Auguste Le Prévost, de Caumont et Léopold Delisle. Ce voyage scientifique, poursuivi pendant plusieurs mois d'une façon méthodique, devait naturellement porter ses fruits et il a certainement imprimé, au courant d'idées que nous venons de signaler, un essor très-caractérisé.

A cette date, M. Worsaae n'était pas un inconnu en France ; il avait déjà publié un mémoire sur les antiquités primitives du Danemark, *Danemarks Oldtid oplyst ved Oldsager og Gravhöie*, 1843, — traduit en anglais sous le titre de : *The primeval antiquities of Denmark*, London, 1849, et un grand ouvrage historique, d'une réelle originalité, relatif aux expéditions des Danois et des Norwégiens en Angleterre, en Écosse et en Irlande, *Minder om de Danske og Nordmœndene i England, Skotland og Irland*, 1851, dont deux traductions, promptement épuisées, parurent simultanément en Angleterre et en Allemagne.

Depuis, devenu successivement conservateur des musées royaux de Copenhague, chambellan et un instant ministre de l'instruction publique, il a poursuivi avec un succès et une persévérance remarquables les recherches qui avaient honoré son nom, en donnant successivement au public la conquête de l'Angleterre et de la Normandie, *Den Danske Erobring af England og Normandiet*, 1863, les Antiquités de Sleswig ou Sœnderjylland, *Om Slesvigs eller Sœnderjyllands Oldtidsminder*, enfin, en 1873, son travail si curieux sur la civilisation danoise à l'époque des Vikings, *De Danskes Kultur i Vikingetiden*. Ce volume a été traduit en français pour la Société des Antiquaires du Nord, en 1878 et 1879.

Ces différents ouvrages, d'une très-haute valeur, font autorité en Normandie; ils ont été appréciés, avec une compétence qui nous manque, par MM. Beauvois et Léopold Delisle, et ils placent dès à présent M. Worsaae au rang le plus haut parmi les historiens et les archéologues de notre temps.

C'est encore de l'histoire du Danemark, et par suite des origines de l'histoire de Normandie, que s'est occupé M. Johannes Steenstrup, fils du célèbre naturaliste et archéologue Japetus Steenstrup, professeur de zoologie à l'Université de Copenhague, membre de l'Institut de France. Il débuta, croyons-nous, par une étude sur le cadastre du roi Valdemar, à propos duquel il ne craignit pas d'entrer en lice avec l'un des meilleurs écrivains du Nord, le savant professeur Paludan-Müller. Quel que soit le parti auquel on s'arrête dans cette question controversée, les deux volumes de notre correspondant resteront toujours des documents absolument indispensables à consulter. M. Steenstrup devait plus tard engager avec M. Gustave Storm des controverses non moins vives, à propos de la nationalité des pirates qui s'établirent aux IXe et Xe siècles en Angleterre et en Normandie. Comme l'a dit avant nous un écrivain bien informé, « de ces discussions, « soutenues par les deux savants avec beaucoup « d'ardeur, de perspicacité et d'érudition, sortira

« en définitive la mise en lumière d'un certain « nombre de faits particuliers intéressants pour « l'histoire générale. »

Après ses recherches retentissantes sur le cadastre du roi Valdemar, M. Steenstrup commença presque immédiatement la publication d'un ouvrage de longue haleine sur les Normands.

Si l'on fait abstraction d'un volume tout entier, qui n'est encore qu'à l'état de préparation, sur les établissements danois en Normandie, cette composition importante comprend trois parties :

1° *Normannerne. — Indledning i Normannertiden.* — Les Normands; introduction au temps des Normands.

2° *Normannerne. — Vikingtogene mod vest i det 9de Aarhundrede.*— Les Normands; les expéditions des Vikings dans l'Ouest au IX$^{e}$ siècle.

3° *Normannerne. — Danske og Norske Riger paa de Brittiske Öer i Danevældens Tidsalder.* — Royaumes danois et norvégiens dans les Iles-Britanniques à l'époque de la puissance des Danois.

Ce troisième volume, dans lequel l'auteur se propose de présenter l'histoire de l'Irlande jusqu'en 1014, celle d'Angleterre jusqu'en 1042, avec des développements particuliers sur l'organisation du district de Danelag, n'est pas encore publié dans son entier; mais déjà la valeur de la livraison parue révèle clairement l'attrait sérieux de curiosité qu'offriront les deux autres.

Malheureusement tous ces travaux où abondent

les vues nouvelles et les rapprochements ingénieux sont écrits dans une langue qui nous est peu familière, et n'ont pu jusqu'ici être appréciés, dans notre pays, que par les comptes-rendus insérés dans les revues. Aussi avons-nous accueilli, comme une bonne fortune pour notre Société, la traduction française, faite par lui, que M. Steenstrup a bien voulu nous offrir de la première partie de son œuvre. Quel que soit le mérite des recherches relatives aux expéditions occidentales des Vikings et aux établissements des pirates danois en Angleterre et en Irlande, il est impossible de ne pas reconnaître que le fascicule consacré aux questions préliminaires nous touche de plus près et a pour nous une importance plus considérable et plus directe. Les qualités qui distinguent M. Steenstrup s'y déploient d'ailleurs en toute liberté, et permettent de se rendre compte de la méthode scientifique adoptée par l'auteur et des résultats qu'il a obtenus. Aussi croyons-nous devoir reproduire ici le jugement (1) que portait en 1877, sur ce mémoire remarquable, M. E. Beauvois, dans la *Revue historique :*

« Cette introduction, disait-il, a pour but de « vider une foule de questions préliminaires que « l'auteur ne pouvait laisser de côté et qu'il « valait mieux traiter d'avance, pour n'avoir pas « à les discuter incidemment dans le cours du

(1) *Revue historique,* t. IV, p. 424. — Cf. *Id.*, t. XII, p. 181.

« récit; il examine successivement les sources « de l'histoire des Normands : Saxo et les tra- « ditions populaires, Dudon de Saint-Quentin, « Guillaume de Jumiéges, Orderic Vital; la « nationalité des Normanns, leurs noms, la « dynastie danoise des Skjoldungs, Ragnar « Lodbrock et ses fils, Rollon, la Normandie « comme colonie danoise, les causes des expé- « ditions danoises d'après les sources nationales « et étrangères, leur armée, sa composition, « les lois du roi Frode, les stratagèmes. Partout « il fait preuve d'une érudition solide; mais c'est « là son moindre mérite, la perspicacité qu'il « déploie dans ses déductions ajoute encore à « l'éclat du grand nom qu'il porte et qui a été « illustré par le Cuvier du Danemark, dans « l'étude de nombreux problêmes d'histoire na- « turelle et d'archéologie comparée. »

Nous ne voulons rien ajouter, mais nous avons la conviction que l'*Indledning i Normannertiden*, sous sa forme française, trouvera en Normandie le succès sérieux qu'elle a déjà conquis en Angleterre et en Allemagne.

Caen, le 20 juin 1880.

*Le Secrétaire de la Société des Antiquaires de Normandie*,

E. DE BEAUREPAIRE.

# I.

## SOURCES DE L'HISTOIRE DES NORMANDS.

SOMMAIRE : L'histoire des Normands se lit dans l'histoire de tous les peuples avec lesquels ils étaient en guerre. — Il faut consulter les chroniques contemporaines. — Les Sagas d'Islande sont d'une date trop récente pour ne pas être consultés avec réserve.

Les féroces et intrépides guerriers que les pays scandinaves, depuis le commencement du IXe siècle, envoyaient en expédition à l'étranger pour piller et conquérir, n'ont épargné que quelques-uns des peuples de l'Europe. Les océans aussi bien que les rivières, transportaient leurs navires qui semaient partout la ruine. Cette idée chez les peuples du moyen âge que l'Europe était une île immense, dont les rives de l'Est étaient baignées par un détroit long et resserré qui s'étendait de la Mer Noire jusqu'à la Baltique, — cette idée devint presque une réalité pour les Normands, quand, partant en expédition sur leurs nombreux vaisseaux par les rivières de la Russie jusqu'à la Mer Noire, ils continuaient leur course à travers le Bosphore jusqu'à la Méditerranée. Leurs compatriotes avaient déjà abordé aux rives occidentales de cette mer ; ils avaient bravé les flots de l'Atlantique et s'étaient aventurés à travers le détroit de Gibraltar; de sorte que toute l'Europe fut comme assiégée par leurs flottes. Les Allemands et les Français, les Anglo-Saxons et les Irlandais, les Arabes et les Lombards, les Finnois et les Slaves, les Khazares et les Baskires, les Bulgares et les Grecs — tous eurent à se mesurer avec « la rage des Normands. »

Il est donc presque impossible de parler en général des sources de l'histoire des Normands. Ces sources sont dispersées dans le monde entier. Les Normands eux-mêmes ne conservaient aucune relation de leurs conquêtes. On ne peut donc trouver de renseignements sur les expéditions des Vikings que dans les ouvrages des annalistes et des chroniqueurs, qui traitent de l'histoire de leurs ennemis dans cette période. Mais énumérer ces ouvrages ce serait écrire une partie de l'histoire de l'Europe. On ne pourrait même obtenir qu'un simple canevas en recueillant les fragments des annales et des chroniques, où il est question des Normands, car les Normands passaient rarement comme l'orage; leurs expéditions laissaient presque toujours des traces profondes, et dans plusieurs pays suscitaient une ère nouvelle avec un nouveau caractère (1). Pour bien comprendre cette influence que seules les qualités des conquérants rendaient possible, il est encore important d'étudier beaucoup de sources,

(1) Kruse, dans son « *Chronicon Nortmannorum, Hamburgi et Gothæ,* 1851 » nous a donné un recueil de toutes ces sources. Les causes que nous venons d'énumérer, ainsi que le défaut de critique de l'auteur ont rendu cet ouvrage sans importance pour les études relatives aux Normands.

où les Normands ne sont pas nommés et, par suite, d'approfondir l'histoire des différents pays.

Je commence cependant mes recherches par quelques études sur les sources, d'abord pour rendre compte de la méthode que j'ai suivie et que je regarde comme la meilleure dans l'analyse de l'histoire de ces peuples, puis pour appeler l'attention sur plusieurs sources principales.

J'ai l'intention d'étudier les Normands, autant que possible, d'après les sources les plus contemporaines; on a, je crois, beaucoup trop usé jusqu'ici des sources d'un temps beaucoup plus moderne ou beaucoup plus reculé que l'époque des Vikings. On invoque, par exemple, bien souvent la *Germanie* de Tacite. Cet auteur vivait et écrivait environ l'an 98 après Jésus-Christ, et les expéditions des Normands eurent lieu au IXe siècle et dans les siècles suivants. L'œuvre de Tacite a naturellement beaucoup de valeur comme source première de l'histoire des peuples germaniques ou gothiques, ainsi que nous disons, en Danemark; mais sept siècles constituent un laps de temps assez long et peuvent amener beaucoup de changements. D'ailleurs, on doit se rappeler que le temps des Vikings éclate comme une nouvelle période pour les peuples du Nord. Vers l'an 800, ils paraissent pour la première fois dans l'histoire universelle, et pendant un siècle nous les trouvons conquérants dans toute l'Europe. Il serait absurde de ne pas reconnaître que cette époque a dû être précédée par un long développement intérieur, caché pour nous, qui a transformé ce peuple dont l'influence devint universelle.

On voit généralement les Sagas du Nord employés comme source principale pour éclaircir le temps des Normands et les mœurs des conquérants. On sait que les Sagas sont presque tous écrits ou rédigés au XIIIe siècle, quatre cents ans après l'apparition des Normands. On pourrait avoir la plus grande confiance dans le pouvoir des rapporteurs des Sagas pour conserver la tradition, et reconnaître toutefois que ce grand espace de temps doit nous laisser des scrupules, surtout si nous nous rappelons qu'un nouvel âge a passé avec une religion et des mœurs nouvelles, et que la tradition s'est transmise par un nombre infini de personnes, sous l'influence de ces temps et de ces mœurs. Du reste, il est encore dangereux à un autre égard de se servir des Sagas. Ils viennent presque tous d'Islande ou de Norwége. Or, les Norwégiens n'ont pas du tout joué le rôle principal dans les expéditions des Normands. Les grandes armées qui faisaient la guerre contre les Francs au IXe siècle, venaient principalement du Danemark. De même, aucune des grandes conquêtes n'est due aux Norwégiens; ce sont les Suédois qui se rendirent maîtres de la Russie, et ce sont les Danois qui conquirent d'abord la Normandie, puis l'Angleterre, et enfin l'Italie méridionale. Toutefois, les conquêtes en Irlande et en Écosse, et la colonisation du nord de l'Angleterre, furent dues presque exclusivement aux Norwégiens. M. Worsaae a déjà admis (1) et motivé cette distribution des rôles entre

(1) Worsaae Minder om de Danske og Nordmændene i England 1851 (Traduction anglaise : An account of the Danes and

les différentes nations; j'essayerai dans cet ouvrage de démontrer le même fait en apportant de nouvelles preuves. Cet état de choses est bien naturel, car cette masse de guerriers et de conquérants dont la Norwége était peuplée avait trouvé une sphère d'activité, non-seulement dans les pays que nous venons de nommer, mais encore dans les Iles-Britanniques, en Islande, en Groenland et dans les îles de l'Atlantique. Il suit encore de là que les Sagas du Nord nous ont donné des biographies des pirates en guerre contre les petites nations qui ne faisaient que peu de résistance, et où l'attaque ne nécessitait qu'un seul vaisseau ou une très-petite flotte servie par une troupe peu nombreuse et non pas par des milliers de guerriers.

Rappelons-nous aussi que les nations scandinaves, malgré leur communauté de race, de religion et de mœurs, différaient en plusieurs points essentiels : effet non surprenant des différences de climat, de la position géographique ainsi que de l'influence beaucoup plus grande à laquelle le Danemark était exposé de la part des pays de l'Ouest, du Sud et de l'Est. La législation de ces pays a offert la même diversité que celle que nous rencontrons au XIIIe siècle, entre *le droit de* la Suède et celui du Danemark d'un *côté, et le* droit norwégien-islandais de l'autre ; et encore entre les lois de la Suède et celles du Danemark. — Je crois donc qu'il faut invoquer, avec une

Norwegians in England; traduction allemande : Die Dænen und Nordmænner in England). — Den Danske Erobring af England og Normandiet 1863.

certaine prudence, les Sagas comme sources de l'histoire du temps des Normands. Quant à Saxo le grammairien, le cas est un peu différent. Il n'est pas antérieur aux auteurs des Sagas, mais il a conservé tant de traditions sur les Vikings danois et sur les grandes conquêtes, qu'il devient une source importante. Cependant l'interprétation de Saxo offre tant de particularités que je me réserve de m'occuper de son ouvrage d'une manière toute spéciale.

Mon plan est de retracer le temps des Normands, surtout d'après les récits étrangers, contemporains ou non, mais pas trop postérieurs. Il sera aussi, je crois, très-utile de poursuivre le développement de la civilisation des Normands dans les différents pays, et d'examiner les traces que les Normands fixés à l'étranger ont laissées de leurs anciennes coutumes et de leurs anciennes mœurs. Naturellement, dans cet ordre d'idées, les récits du Nord et spécialement Saxo entrent en considération.

Nous observons en outre combien il est utile pour peindre les Normands d'étudier l'histoire de la Normandie. Notons ici trois points de la plus grande importance : d'abord le pays a été colonisé presque uniquement par un seul peuple du Nord, par les Danois ; il nous présente une colonisation réelle, et non pas une occupation par une race dominante ; enfin d'excellents auteurs ont écrit des ouvrages sur l'histoire de la Normandie, dès les premiers siècles qui suivirent la conquête.

Voici les causes qui me font invoquer bien souvent comme preuve l'histoire de la Normandie.

## II.

### SAXO LE GRAMMAIRIEN ET LES TRADITIONS MYTHIQUES.

Sommaire : Saxo puise presque uniquement dans les traditions populaires. — Il ne connaît ni le nom des Normands, ni l'époque normande. — Il croit que les Danois ont fait des expéditions contre les pays de l'Ouest et les ont conquis dès la plus haute antiquité. — Une grande partie de ces exploits appartiennent à l'époque normande, et Saxo les a déplacés. Recherches sur quelques traditions normandes pour montrer comment les traditions passent de lieu en lieu, de personne à personne.

Saxo le grammairien, père de l'historiographie danoise, clerc de l'illustre évêque Absalon, termina son grand ouvrage dans les premières années du XIIIe siècle. Saxo suivait comme seule source la tradition populaire telle qu'elle existait parmi les bourgeois, les paysans, le clergé et la noblesse. Il se fit dicter les souvenirs historiques qui survivaient encore dans les classes populaires, il faut même qu'il ait dédaigné les manuscrits s'ils ne regardaient pas l'antiquité grecque ou romaine — car il connaît fort peu des sources écrites et presque rien des sources de l'étranger. Maintenant, on se rend compte des difficultés de l'écrivain qui veut faire l'histoire de son pays depuis les temps les plus reculés jusqu'à l'époque contemporaine, en ne suivant que les traditions du peuple. Il est dans la même situation que l'homme qui, restant sur la même place, et regardant un paysage étendu, doit en faire la description topographique exacte. Le caractère général de la contrée, si elle est riche ou pauvre, si elle est uniforme ou variée, nue ou couverte de bois, s'il y a des montagnes ou des vallées, il nous décrira tout cela facilement, mais il se trompera dans les détails. Il aura surtout de grandes difficultés à fixer les distances qui le séparent des différents points, et celle de ces points entre eux, comme par exemple s'il s'agit de calculer si cette montagne au sud et ce lac au nord sont à la même distance. Et plus un point est éloigné de lui, plus sa description courra le risque d'être fausse.

Et, de même que l'œil de l'observateur de la nature s'exerce à déterminer les distances dans l'espace, de même, chez l'historien, la pensée s'exerce à fixer les périodes dans le temps. Il se trompe rarement dans l'ensemble de sa description; la volonté et les facultés du peuple, ses croyances et ses mœurs, ses idées et toute sa manière de vivre, il saura les peindre, — et à cet égard l'histoire de Saxo a toujours été l'objet des plus grands éloges. Mais la tradition populaire ne conserve pas les indications d'années qui n'offrent que peu de charme à la mémoire; l'historien, qui écrit suivant les traditions, perd ainsi tout moyen pour fixer les distances du temps. Les événements se déplacent, le fait contemporain avance, le fait postérieur recule. Et plus on rétrogade dans le passé, plus les erreurs s'accumulent; ces erreurs qui d'abord ne touchent qu'à des années, finissent par embrasser des siècles ou des milliers d'années, et dans la haute antiquité toutes les lignes s'effacent.

Tel est précisément le cas de Saxo. On a très-souvent indiqué combien de méprises et de déplacements de faits il commet déjà dans sa description d'une époque aussi proche que celle de Kanut le Grand, ou dans son récit de Suenon à la Barbe-Fourchue, ou de Harald à la Dent-Bleue. Enfin, comment Saxo raconte-t-il les temps encore plus reculés où la critique est privée de tout moyen pour le contrôler?

Qu'est-ce que Saxo nous raconte des expéditions des Normands?

Ma réponse semblera un peu singulière, mais j'ai la conviction qu'elle est juste et qu'elle nous servira à mieux comprendre les premiers livres de son ouvrage et de son époque mythique; enfin la réponse nous donnera indirectement une nouvelle source pour l'histoire des Normands.

Saxo ne connaît pas du tout l'époque des Normands. Les Danois, au IXe siècle, entrent dans une nouvelle époque de développement intérieur et dans de nouveaux rapports à l'étranger, il n'en sait rien. Saxo croit que les Danois, dès une époque remontant à la plus haute antiquité, ont remporté des victoires et fait des conquêtes pareilles à celle de l'époque normande. Il ne suffit pas, pour analyser Saxo, de dire comme M. Depping (1) : « Au reste, Saxo ne s'occupe

(1) Depping, *Histoire des expéditions maritimes des Normands* nouv. édit., p. 386.

guère des pirates normands et ne les nomme presque jamais », car le fait est qu'il ne les nomme pas du tout. Les « Normanni » ne sont pour lui que les habitants de la Normandie au XIe siècle (1) et les Norwégiens (2). Saxo ne dit pas une seule fois que les étrangers appelaient Normands les Vikings du Nord et surtout du Danemark. Il ignore la prière des peuples du Sud : *Libera nos a furore Normannorum!* Saxo n'a donc pas entendu parler de cette dénomination, ou s'il en a entendu parler, il a cru que ce nom désignait les Norwégiens ; c'est pourquoi il a omis le récit de leurs faits dans son histoire danoise. Ces deux circonstances que Saxo ne connaît ni le nom des Normands, ni l'époque normande, sont d'une grande importance pour le comprendre. Nous devons étudier à fond cette singularité de l'ouvrage de Saxo.

Il sera d'abord nécessaire de fixer le commencement de l'époque des Normands, suivant les sources authentiques des pays attaqués par les Vikings, dont l'histoire certaine remonte à plusieurs siècles avant la nôtre. Les chroniques de l'Angleterre, de l'Irlande, de l'Allemagne, de la France et de l'Espagne, telles sont les sources que nous devons consulter. Nous y trouvons les récits suivants sur les invasions des habitants du Nord dans l'ouest de l'Europe. Les Jutes ont pris part à la conquête de

(1) Saxo, éd. Müller, p. 55 (Guillaume le Bâtard, « Normannorum dux »), p. 512, 536 (*Normannia* : la Normandie).

(2) Saxo, p. 192, 246, 269, 351, 392. Mais le plus souvent il les appelle « Norvagienses. »

l'Angleterre, au Ve et au VIe siècle, avec les Angles et les Saxons ; au moins on sait qu'au VIIe siècle, il y avait des Jutes à Wight (1). Suivant Grégoire de Tours (III, ch. III), le roi danois Chochilaic (Hugleikr), le Hygelac de la chanson de Beowulf, dans une expédition en Gaule, a succombé sur ses rives sous le glaive de Theudebert, fils du roi Theuderic. — On peut enfin supposer que les peuples scandinaves ont pris part à quelques pillages des Saxons sur les côtes de la Manche et de la mer du Nord, mais c'est une hypothèse assez vague.

Abstraction faite de ces récits, toutes les sources de l'Étranger sont d'accord pour admettre que les invasions des Normands commencèrent environ huit cents ans après Jésus-Christ. Les annales allemandes et franques font, pour la première fois, mention des invasions en Frisonie en 810 (2). Nous trouvons dans la chronique anglo-saxonne que les Normands ont fait une attaque sur les côtes de Wessex, vers 787; c'étaient « les premiers vaisseaux montés par des hommes danois » qui abordaient en Angleterre. Dans la chronique de Wales « *The gwentian Chronicle* », nous trouvons que les païens noirs venaient « pour la première fois » combattre les Kymrois en 795 (3) ; cette même année, nous les trouvons aussi pour la première fois en Irlande. En 844, ils s'aventurèrent jusqu'en Espagne, où ils étaient « inconnus

(1) Beda, IV, 16, *Chron. angl.-saxon.*, 534, 686.

(2) Pertz, *Scriptores rerum Germanicarum*, I, 195-197, 309, 354 ; II, 258, 614.

(3) Voir Dr Todd, *The war of the gaedhil with the gaill*, p. XXXIII.

jusque-là (1). » Ainsi, les sources sérieuses de l'ouest de l'Europe sont d'accord pour affirmer que les expéditions des Normands commencèrent environ huit cents ans après Jésus-Christ.

Étudions maintenant les sources scandinaves, relatives à l'époque antérieure à 800. Nous n'en avons que deux : *Ynglingasaga*, le premier Saga dans l'histoire Heimskringla de Snorre, et Saxo. Ynglingasaga sait très-peu sur les rapports avec l'étranger. Nous y lisons que les Suédois, les Norwégiens et les Danois se font la guerre entre eux et quelquefois se lèvent contre les Finnois et les Estoniens; une fois même (ch. XXXII) on parle d'un pillage sur les côtes de la Saxonie. Dans le chapitre XLV, il est fait mention de la tradition sur Ivar Vidfadme (Ivar, qui embrasse des pays étendus), l'illustre héros qui conquit les pays scandinaves, une grande partie de la Saxonie, toutes les contrées orientales et le cinquième de l'Angleterre. Cette tradition reste malheureusement isolée; elle ne nous dit pas un seul mot de sa manière de conquérir ; ni Saxo, ni les annales danoises ne connaissent ce roi, bien qu'il fût originaire de la Scanie, province du Danemark.

Saxo nous fait un tableau tout différent. Il raconte que, dès la plus haute antiquité, le roi de Danemark, Frode I, a vaincu les Bretons et les Écossais et qu'il a remonté le Rhin avec sa flotte jusqu'au cœur de

(1) Dozy, *Recherches sur l'histoire politique et littéraire de l'Espagne pendant le moyen-âge*, vol. II; Kunik, *Die Berufung der schwedischen Rodsen,* II, 285 et suiv.

l'Allemagne (p. 74-75). Au temps du roi Rœrik, le prince Hamlet a combattu les Bretons (p. 160). Le roi Frode III, le Pacifique, était un conquérant hors ligne ; après avoir fait la guerre aux Hunois, aux Vendes, aux Saxons, aux Finnois et aux Bjarmois, aux Bretons et aux Irlandais, il devint maître d'un royaume si vaste qu'il s'étendait sur toute la Russie et à l'Ouest jusqu'au Rhin (p. 241). Harald Hildetand au VIIIe siècle conquit le pays des Slaves, l'Aquitaine et la Northumbrie (p. 366). Saxo parle aussi de nombreuses expéditions en Irlande dès les temps les plus reculés.

Pour en finir, suivant Saxo, les Danois n'ont pas seulement fait la guerre aux pays de l'Ouest et du Sud pendant toute l'antiquité; ils y conquéraient même des royaumes auxquels ils donnaient des lois, des mœurs et des coutumes scandinaves.

Comment expliquer cette contradiction entre les sources de l'étranger et Saxo ? Même Ynglingasaga l'abandonne. Il est très-facile de regarder comme des fables pures les traditions de Saxo, mais cela ne résout pas la question. Saxo n'est pas soupçonné d'avoir falsifié ces récits ; il nous communique les traditions comme il les a trouvées ; mais il les coordonne et les combine. Et si elles ont l'apparence de fables, la fable n'est très-souvent, comme l'a dit Michel Servan, qu'une histoire méconnue. C'est le propre de la critique de découvrir le grain de vérité que la fable ou la fausse tradition peut conserver. La solution de cette question nous semble très-simple ; notre historien a assigné de fausses dates aux traditions qu'il a recueillies.

Il faut d'abord se rappeler ce que nous venons de prouver, que Saxo ne connaît ni les noms, ni l'époque des Normands. Or, il est bien certain que le Danemark a possédé un riche trésor de traditions et de poésies du temps des Vikings. Saxo s'efforce de faire une dynastie complète de tous ces rois dont il a entendu les grands exploits; et il arrive à placer beaucoup de ces traditions qui regardent l'époque des Normands dans la haute antiquité. Lui, ou la tradition populaire avant lui, ont attribué de bonne foi aux rois de Danemark des exploits et des conquêtes racontés sur les Vikings; ils les ont donnés à des rois Danois qui portaient le même nom; ils ont même peut-être placé des rois de mer (sœkonger) célèbres, dans la série des rois du Danemark. En admettant cette hypothèse, nous pouvons comprendre comment il arrive que ces expéditions se font de la même manière et avec le même art militaire, dans la haute antiquité et dans le IX<sup>e</sup> siècle.

Je me contenterai ici de démontrer qu'il y a raison de penser que Saxo a déplacé ces conquêtes pour les mettre à une époque, où les pays étrangers, d'après des sources solides, étaient en paix. Il reste au savant à prouver, dans chaque cas, qu'un tel déplacement a eu lieu et à montrer où doit être rangé le fait en question; j'espère arriver à mettre à nu plusieurs de ces erreurs dans les études suivantes.

Je ne touche ici qu'à un seul fait. Comment peut-on expliquer que, suivant Saxo, les Danois et les Norwégiens pendant toute l'antiquité ont fait des invasions continuelles en Irlande ? Nous y trouvons le célèbre Viking Hagen ; la « Skjoldmœ » (fille au bouclier) norwégienne, Russila, y envoie ses camarades et ses guerriers. Le roi de Norwége Ring s'y livre à la piraterie ; Frode III combat le roi d'Irlande Kervil (1). Saxo, très-probablement, a fait remonter à la haute antiquité des scènes de la piraterie du IXe et du Xe siècle ; car précisément à cette époque l'Irlande était inondée de ces petites flottes de guerriers scandinaves et surtout norwégiennes sous la conduite des rois maritimes. Aussi Saxo décrit-il les Irlandais exactement tels qu'ils étaient au IXe siècle (2). — Le roi Kervil est sans doute le roi Cearbhall, qui était en guerre contre les Vikings au IXe siècle, et les sources irlandaises parlent, comme Saxo, d'un Viking Agond ou Haconn (3). — Mais Russila, est-ce que je dois l'ôter aussi du domaine de la fable ? A vrai dire, je lui trouve aussi des rapports avec le temps des Normands. On a tort de croire que « les filles au bouclier », ces amazones du Nord, ne soient que des figures mythiques ; on les trouve encore dans les temps historiques comme des personnages dont l'existence est tout à fait prouvée, ainsi que je le démontrerai par ce qui va suivre. Il est même remarquable qu'une flotte scandinave qui vient en Irlande au milieu du Xe siècle, est commandée par « Inghen Ruaidh », patois gaélique qui signifie « la fille

(1) V. Saxo, p. 178, 279, 347, 365, 393-96, 404.

(2) Saxo, p. 254, et Mülleri *notæ uberiores;* Giraldus Cambrensis, *Topographia*, c. x; *Hibernia expugnata*, c. xxxvi.

(3) Saxo, p. 254, *Chronicon Scotorum* (éd. Hennessy), p. 147 ; *The war of the Gaedhil with the gaill,* p. 27.

rouge » ou « la fille aux cheveux rouges » ; il est relaté dans la même chronique que les deux fils de « la fille rouge » sont morts dans le combat.

Ayant prouvé que la tradition sur une vierge pirate du Xe siècle a pu se présenter à la mémoire de Saxo, nous pouvons nous arrêter là ; nous renonçons à démontrer l'identité de ces deux personnes, qui, du reste, n'est pas invraisemblable. Saxo l'appelle en effet *Rusla virgo* ou *Rusila virgo ;* et dans le latin du moyen âge *russulus* veut dire rougeâtre, *russeolus* tirant sur le rouge, et *rutilus*, rouge ; ainsi *Russila* ou *Rutila virgo* devient absolument le même que Inghen Ruaidh (4).

(4) Ajoutons un autre trait. La *Chronique irlandaise* parle ainsi des contemporains de Inghen Ruaidh : « There came there, also the fleet of *Oiberd,* and the fleet of *Oduinn*, and the fleet of *Griffin*, and the fleet of *Snuatgar*, and the fleet of *Lagmann*, and the fleet of *Erolf*, and the fleet of *Sitruic*, and the fleet of *Buidnin*, and the fleet of *Birndin*, and the fleet of *Liagrislach*, and the fleet of *Toirberdach*, and the fleet of *Eoan Barun*, and the fleet of *Milid Buu*, and the fleet of *Suimin*, and the fleet of *Suainin*, and lastly the fleet of *Inghen Ruaidh*. » Le texte semble cacher un vers avec des rimes et des allitérations. On peut avec deux déplacements en faire un, tel :

Oiberd, Oduinn,
» Griffin,
Snuatgar, Sitriuc,
Erolf, Lagmann,
Buidnin, Birndin,
Liagrislach, Toirberdach,
Eoan Barun, Milid Buu,
Suimin, Suainin,
Inghen Ruaidh.

Saxo nous donne les noms des camarades et des guerriers

Avant de finir ces études sur l'histoire de Saxo, nous allons faire quelques recherches pour mieux faire comprendre comment ces traditions populaires passent d'un lieu à un autre, d'un héros à un autre héros, d'une époque à une autre époque. Citons, par exemple, quelques traditions bien connues sur les ruses de guerre normandes. On les trouve dans toute l'Europe, où les Normands ont porté les armes. On les raconte à la côte de la Baltique, elles passent par la Russie, à Bysance et en Grèce ; on les retrouve en Italie, en Normandie, en Angleterre, en Irlande. Elles sont des traces caractéristiques des expéditions des Normands, — mais l'historien ne doit pas se contenter d'avoir observé ce fait ; il doit soumettre ces traditions à un examen critique : car, en réalité, ces ruses sont bien fatales aux récits auxquels elles s'attachent. Comme la ruse se retrouve encore cinq ou six fois ailleurs, elle discrédite complètement l'autorité du récit.

Je parlerai ici de deux de ces ruses : *l'enterrement feint* et *les moineaux qui allument l'incendie dans la ville assiégée.*

de Rusila, p. 178 : Quinque ejus complices Broddonem, Bildum, Bugonem, Fanningum et Gunholmum, quorum pater Fyn extitit ; p. 396 : promptissimi Ruslæ milites ... Thorias et Bero. Le rhythme est ici :

Brodir, Bildr,
Bero, Bugr,
Fanningr, Gunholmr,
( Finns synir ),
Thorias, Rusila.

Il y a des ressemblances entre quelques-uns de ces noms.

L'*enterrement feint* se trouve dans les sources suivantes :

1° Saxo (p. 66) nous raconte que le roi Frode, assiégeant la ville de Pleskov (en Russie), et ne pouvant la conquérir, se fit passer pour mort et commanda à ses guerriers de faire ses funérailles ; les assiégés, voyant la tristesse des ennemis, négligèrent la défense, et la ville fut prise.

2° Suivant Saxo (p. 79) le même roi conquit la ville de Londres par une ruse semblable.

3° Le célèbre Viking Hasting se sert de la même ruse pour conquérir la ville de Luna, dans la baie de Genoa (Voir Dudo, éd. Lair, p. 132-135 ; Guill. Gemmet, I, ch. IX-XI ; Wace, *Roman de Rou,* I, p. 24-35 ; Benoit, *Chronique,* I).

4° Harald Haardraade, au commencement du XIe siècle, conquit un castel dans la Sicile par le même stratagème (Snorre, Heimskringla, *Le Saga* de Harald Haardraade, ch. X).

5° Robert Guiscard, suivant Guillaume de La Poule (*Muratori, Scriptores,* V, 261), s'en sert devant une forteresse de l'Italie méridionale.

6° Otto de Freising (I, ch. XXXIII) nous raconte que le roi de Sicile Roger I, usa de cette ruse pour conquérir le château Gurfol, en Grèce.

7° L'empereur Frédéric II, normand par sa mère, se rend maître du monastère de Monte Cassino de la même manière (Mathieu de Paris, éd. Watts, p. 488).

Le *stratagème des moineaux*, se trouve dans les chroniques suivantes.

1. Saxo (p. 41) raconte que le roi Hadding, assiégeant Duna, prit au piége des oiseaux, qui

perchaient sous les toits de la ville ; il attacha à leurs ailes des éponges allumées ; ceux-ci s'envolèrent et mirent le feu à la ville qui ne tarda pas à tomber en son pouvoir.

2. Suivant Saxo (p. 180) Fridlev conquit ainsi Dublin.

3. Suivant Nestor, Olga, la reine normande de la Russie, conquit la ville d'Iskorostie dans le pays des Drevliens par la même ruse (*Chronique de Nestor*, trad. par L. Paris, I, p. 78).

4. Un certain Gurmund a employé cette ruse pour prendre la ville de Cirecester, à la fin du VIe siècle. Les sources sont Geffroi de Monmouth, *Vita Merlini*, XI, 8; Wace, *Roman de Brut*, v. 13,949; et suiv. (II, 242 et suiv.) ; Geffrei Gaimard, v. 855 et suiv.; *Mon. Hist. Brit.*, I, 775, Giraldus Cambrensis, *Topographia Hiberniæ*, ch. XXXIX.

5. Harald Haardraade se sert de ce stratagème pour prendre une forteresse en Sicile (Saga de Harald Haardraade, ch. VI). Les récits dans le Saga de Harald Haardraade nous semblent d'abord très-sujets à caution. Nous y lisons que le roi Harald a conquis quatre forteresses de la Sicile, chacune par une ruse différente ; on nous présente ainsi un recueil complet des ruses normandes. Il pourrait sembler presque injurieux d'attacher à un héros aussi ingénieux que Harald des stratagèmes si bien connus au XIe siècle. Aussi le Saga ignore-t-il les noms de toutes ces forteresses ; il permet dans la Sicile musulmane aux prêtres et aux moines de recevoir le cortége funèbre, qui mène à la ville le corps du prince décédé ; et il fait incendier contre toute vraisemblance au moyen

des moineaux une ville de Sicile avec ses maisons et ses toits en pierre.

Ces traditions ne se trouvent certainement pas à leur place et il est très-remarquable que les sources de Snorre (les Sagas Morkinskinna et Fagerskinna) parlent de « Vikings » au lieu de parler de l'armée grecque sous le commandement de Harald.

Il existe parmi les récits mentionnés une tradition qui possède toute vraisemblance ; c'est celle de Dudon sur la conquête de Luna. Il est certain que Hasting et les Normands, en 860, conquirent et saccagèrent « Pise et d'autres villes » (*voir Annales Bertiani*) ; la ruse employée nous est déjà racontée par Dudon (environ 1000) et après lui généralement de la même manière par beaucoup d'auteurs qui n'y ajoutent que quelques traits. Le récit sur Luna est écrit avant tous les autres, et, enfin, il est à noter qu'en réalité, les Normands furent dupés la ville n'étant pas Rome comme ils l'avaient supposé.

Il est assez singulier que Saxo ne connaisse pas la conquête de Luna; mais il sait qu'on a conquis par le même stratagème la ville de Londres. Or, c'est un fait prouvé que les traditions, surtout si elles sont amusantes ou curieuses, s'attachent facilement là où une ressemblance de nom les provoque; ainsi chez nous la tradition célèbre sur l'amour de Hagbart et Signe s'est liée à une vingtaine de lieux de la Scandinavie, où un nom de lieu rappelait des noms de l'histoire des deux amants. Il est très-naturel de supposer que Saxo, ou la tradition populaire avant lui, a confondu *Luna* avec *Lundonia*, en danois *Lunaborg* et *Lundunaborg*. Le fait devient presque évident quand nous lisons dans Saxo, que Hadding se sert du stratagème des moineaux devant *Duna* et Fridlev devant *Duflina*, où *Dynaborg* est confondu avec *Dyflinaborg*. Certainement cette ruse n'a jamais été employée devant Dublin, les sources d'Irlande l'ignorent, et l'historien gaélique, Giraldus Cambrensis, la raconte en parlant de la conquête de Cirecester. Mais Giraldus se trompe en plaçant Gurmundus au VIe siècle au lieu du IXe (1), car ce Gurmund, que les sources appellent l'Africain, n'est certainement autre que Hasting qui revenait de son expédition d'Afrique (2) et d'Italie. Quelques sources lui donnent même ce double nom (3). Or, le stratagème des moineaux, suivant Saxo, est inventé par *Hadding ;* il l'appelle même lorsqu'il est question de cette ruse pour la seconde fois « Hadingiani acuminis ingenium » ; enfin *Hasting* n'est qu'une forme non scandinave du nom *Hadding* (4), — voilà comment les ressemblances des noms de lieux et de personnes font doubler et multiplier les diverses traditions jusqu'à ce qu'on les voie

(1) V. Lappenberg, *Geschichte von England*, II, 234.

(2) V. plus bas le chapitre sur Regner Lodbrog.

(3) Duchesne, *Historiæ Normannorum scriptores*, 32. Iste Alstagnus vulgo Gurmundus verso nomine solet nominari. Martène, *Scriptores*, V, 969 : Hastingus qui Gurmundus a populo vocabatur. Cf. Lair dans les *Mém. de la Société des Antiquaires de Normandie*, XXIII, 44-45. Pertz, *Scriptores*, IX, 378.

(4) M. Konrad Gislason (dans *Nestor*, traduit par C.-W. Smith, p. 323) en parlant du nom normanno-russe Jastjag suppose qu'il est le même que Haddingr, qui vient de haddr (cheveux). « Envisagés au point de vue gothique les deux mots seraient sans doute Hazds et Hazdings. »

se rattachant l'une à l'autre comme des perles à un fil ! Il n'y a pas de raison de supposer que ces stratagèmes, qui ne regardent pas des villes scandinaves, mais bien les villes de Londres, de Dublin, de Pleskov et de Dyna appartiennent à une autre époque que celle des Vikings ; l'attribution par Saxo de ces traditions à des rois célèbres, surtout à Frode, est née de son désir bien connu de réunir tous les exploits possibles sur la tête des rois illustres.

Nous ne pousserons pas ces recherches plus loin. Nous faisons seulement observer qu'on peut rejeter encore plusieurs des récits auxquels nous avons fait allusion ; — comment, par exemple, croire que les moines du Mont-Cassin, parmi lesquels se trouvaient déjà plusieurs historiens normands, auraient été trompés au XIIIe siècle par une ruse aussi connue que celle de l'enterrement feint ! Aussi le récit de Mathieu Paris n'est, croyons-nous, confirmé par aucune autre source.

## III.

### NOMS DES PEUPLES NORMANDS.

SOMMAIRE. — On doit, pour trouver le vrai nom des Vikings, distinguer rigoureusement entre les sources des différents pays et des différents temps. La dénomination propre dans le Sud était Normanni. On y comprend les Danois et les Suédois, non les Norwégiens. Dani n'est pas un nom collectif pour les peuples scandinaves. En Angleterre Dani est la seule dénomination des Vikings, et comprend les habitants du Danemark. Les Lochlanns, les Dubhgalls et les Finngalls, en Irlande. Les Russes.

> Par lung tems è par lung aage,
> Et par muement de language,
> Ont perdu lor primerains nons
> Viles, citez è régions.
>
> WACE, *Le Roman de Rou*, I, 3.

Il y a dans ces vers du *Roman de Rou* une vérité de la plus haute importance pour le savant qui fait des recherches sur l'origine des peuples qui ravageaient l'Europe comme les Vikings. C'est un fait on ne peut plus regrettable pour la science historique que ce changement de nom qu'ont subi les peuples et les pays dans la suite des temps.

Pour éviter toutes les erreurs qui s'attachent aux recherches sur la patrie des Normands, il n'y a qu'un seul moyen, c'est de distinguer rigoureusement entre les récits des différents pays et des différentes époques. Si l'on omet ce principe dans ses études, on se perd dans la confusion des sources. M. Depping n'a pas été heureux sous ce rapport; dans l'ouvrage de M. Maurer « die Bekehrung des norwegischen Stammes » (surtout au § 5), on trouvera des recherches beaucoup plus profondes. Je ne suis pas toujours d'accord quant aux résultats avec cet auteur, mais on ne peut nier qu'il n'ait mis la recherche en bon chemin.

Je distingue donc sévèrement entre les époques et entre le pays. Abstraction faite des Vikings en Angleterre et des récits des annales anglaises, je commence par examiner à fond les sources du Sud de la France et de l'Allemagne. Notre problème sera de trouver la dénomination des peuples du Nord au IXe siècle dans les pays de l'Ouest de l'Europe quand les sources du Nord nous manquent. Au Xe siècle, les attaques des Vikings dans le Sud cessent, les sources scandinaves deviennent plus claires, et nous pouvons distinguer les pays d'où ils viennent et les chefs qui les commandent.

Ma première question est donc celle-ci : « *Quel est le nom propre et principal que l'on donnait aux Vikings dans les pays français et allemands?* Il est évident que l'on doit répondre que ces Vikings étaient appelés *Normands;* c'est leur nom caractéristique. Je le prouve d'abord en montrant le nom de « Normands » comme étant celui que les annales du Sud emploient le plus, quoique le mot « Dani » s'y trouve fréquemment aussi. Puis je consulte tous les capitulaires du IXe siècle donnés par les rois et les empereurs des États francs dans lesquels il est souvent traité des Vikings et de la défense qu'on leur oppose. On n'y trouve que le seul nom de « Normanni », pas celui de « Dani » (1). Ce fait très-important à noter nous démontre assez clairement que le nom spécial de ces Vikings leur nom de guerre, si vous voulez, est « Normands. » Aussi la prière des peuples du Sud est : « libera nos a furore Normannorum », et non pas « a furore Danorum. »

Il semble enfin très-certain que les Vikings ont tiré ce nom des peuples qu'ils ravageaient et non d'une appellation qu'ils s'étaient donnée eux-mêmes. De même que nous autres Danois avons donné le nom de « Normands » aux Norwégiens, les Irlandais et les Islandais les ont appelés « Œstmænd », comme les Scandinaves nomment les Irlandais « Vestmænd » et les Allemands « Sudrmænd », de même les peuples du Sud nous ont appelés « Nordmanni. » Quelques anciennes sources ont aussi compris que le vrai nom des Vikings était Dani, tandis que « Normanni » formait la dénomination que les peuples du Sud leur avaient donnée (2), mais bien souvent ils parlent aussi du nom « Normanni » comme d'origine danoise (3). Je n'ai trouvé nulle part qu'un Viking se soit appelé « Normand » lui-même.

(1) Voir Pertz, *Monumenta Legum,* t. I, où on trouve le recueil complet des capitulaires.

(2) Voir Duchesne, *Historiæ Norm. scriptores*, p. 24. Ermoldus Nigellus, l. 4.

(3) Par exemple, Guillaume de Jumiéges, I, c. IV, *Roman de Rou,* I, 6.

La seconde question est celle-ci : peut-on voir dans les sources de l'étranger méridional quelle était la patrie scandinave des Vikings? Il faut répondre que les habitants de la Norwége ne semblent pas y être compris. Les Suédois sont comptés parmi les Normands, car Eginhard dit : dans la *Vie de Charlemagne* : « Dani ac Sueones quos Nortmannos vocamus », et il mentionne « Nortmanni, qui Dani vocantur (1). » La Chronique *Gesta Caroli Imperatoris*, écrite par un moine de St-Gall, appelle les Normands « Nordostroni (2) », nom qui semble indiquer que les Vikings venaient du Danemark et des pays de la Baltique. Aussi « Dani » est une dénomination dont les sources se servent très-souvent et alternativement avec « Normanni. » Une seule fois nous entendons parler de pirates d'un pays du Nord du Skagerak : c'est une chronique aquitanienne qui nous raconte que les Wesfaldingi, en 843, pillaient Nantes (3), les autres sources appellent Normands les Vikings de cette expédition. C'est là un fait assez singulier. Que les Wesfoldingi ne soient pas les Vikings du Westfold Norwégien, de la province de Viken (à l'embouchure de Christiania Fjord), on n'en doute pas à présent. Sans doute les guerriers ont hérité du nom de leur patrie. Nous trouvons ainsi les « Westfoldingi » comme un groupe spécial des peuples du Nord, ce qu'ils étaient en

(1) Pertz, II, 449-50. On trouve souvent : « reges Nortmanniæ » pour indiquer les rois de Danemark.

(2) Pertz, II, 757-8.

(3) Pertz, I, 439-40, II, 302.

réalité, car, comme nous le disent les sources, cette province a voulu conserver une certaine indépendance au IXe siècle. Avant l'année 812, le Westfold était une partie du royaume danois; quand, en cette même année, Reginfred et Harald montèrent sur le trône, les chefs et la population de cette province refusèrent de se soumettre ; les deux rois furent obligés d'aller en expédition contre eux et d'étouffer la révolte (1).

Le résultat est donc le suivant: que Normanni dans les sources du Sud, est le nom commun des peuples du Nord et qu'il désigne notoirement les Suédois et les Danois, y compris les Westfoldingi. On pourrait y faire l'objection que les Norwégiens ne pouvaient pas être nommés autrement que Nortmanni, les formes Norici et Nortvigigenæ n'ayant paru que plus tard. Les sources du Nord ne nous montrent pas les Suédois comme prenant part aux expéditions à l'Occident, et comme le nom « Normanni » est un nom commun pour les Vikings et que les Danois semblent n'en faire qu'une part, on pourrait en conclure que les Norwégiens en formaient l'autre.

Il faut cependant observer qu'il est bien possible qu'un annaliste ait compris les Dani comme une partie de l'armée des Vikings (2), sans supposer que les Norwégiens constituassent l'autre partie, car on trouve dans l'armée des Vikings, à côté des Dani proprements dits, plusieurs noms de peuples dont

(1) Pertz, *Scriptores*, I, 197-202.

(2) Pertz, I, 408 : *Gens fortissima inter Nortmannos Danorum.*

l'annaliste a peut-être ignoré les rapports avec le nom « Dani. » Ainsi on a nommé Frisons (1), sans doute les Danois habitant les côtes de la Walcherie ou de la Frisonie ; puis Marcomanni, les Danois habitant les frontières du Sud (2), enfin les Westfoldingi dont nous avons déjà parlé.

La thèse que les Norwégiens ne pouvaient être désignés autrement que par le nom commun de Normanni ne nous semble pas bien fondée. On trouve « Nordweg » déjà dans le récit sur le voyage en Norwége d'Ottar, sous Alfred le Grand, « Nordwega », dans l'Encomion Emmæ, « Norwegon » dans Anglo-Saxon Chronicle à 1028, 1030, et « Northguegigenæ » dans Dudon (p. 282). Ces formes sont donc assez anciennes. Encore, en Danemark, on appelait les Norwégiens « Norrœn » (voir l'inscription de la pierre runique de Egaa : « lantirthi kitils this nuruna »), pourquoi ne pourrait-on pas en faire un nom « Norones » ou « Norici » si en réalité on avait besoin de parler des rapports entre l'étranger et la Norwége.

On pourrait cependant faire une autre objection à ma thèse en ce qui regarde l'autre nom des Vikings au Sud — « Dani. » « Dani » serait un nom collectif des Danois, des Norwégiens et des Suédois, de sorte que quand les annales racontent des attaques des Dani, les Norwégiens y pourraient être comptés.

(1) Dudon, p. 164 (81 B) : *Frisonum quidam de gente natus, qui erat illis accreditus.* — Pertz, XIX, 506 : *Paganorum exercitus sc. Dani et Frisones. . . applicant in insula Scepeige* (855).

(2) Voir Zeuss, *Die Deutschen und die Nachbarstæmme*, p. 521.

Il me semble qu'on ne peut trouver de preuves de cette confusion dans les annales. Elles se servent du nom Dani alternativement avec Nortmanni ; il est même certain qu'en parlant d'une expédition spéciale, elles font Normanni identique à Dani, mais on a tort d'en conclure que le nom « Dani » aussi en général et partout était un nom commun aux peuples du Nord ; bien que l'annaliste pût se servir indifféremment de ces noms chaque fois que l'armée n'était formée que de Danois. On ne trouve nulle part une expression comme, par exemple : « Dani inter quos fuerunt Nortmanni. » Il résulte aussi assez clairement de ce que je viens de prouver par les Capitulaires, que Normanni et non pas Dani ou Daci était le nom commun aux pirates.

Les habitants de la Norwége et de la Suède ne se sont pas appelés Danois, surtout à l'époque en question. Certainement la langue ancienne du Nord est appelée « langue danoise » commune en Islande, en Norwége et en Suède, mais c'était la propriété commune des trois nations, elle indiquait leur origine. C'est ainsi que les descendants des Anglais en Amérique parlent l'anglais (1), mais on ne trouve nulle

(1) On trouvera chez Rafn, *Antiquités de l'Orient*, introduct., p. XII et suiv., et chez Sveinbjœrn Egilsson, *Lexicon poëticum antiquæ linguæ septentrionalis*, préface, p. 20 et suiv., une centaine d'exemples du mot « danois » comme regardant toute la Scandinavie. Si on examine à fond toutes ces citations, on trouvera que le mot Danois, avec une signification aussi étendue, ne se dit que dans l'expression « langue danoise » (« dansk tunge ») et quelquefois sur les Scandinaves non-Danois, mais alors toujours dans la langue poétique de chansons, jamais dans la prose.

part que les autres peuples scandinaves se soient appelés mutuellement danois. Il en résulte que les Vikings qui, avec Rollon comme chef, conquirent la Normandie, ont été des Danois, car ils répondirent, suivant Dudon, à la question « qui êtes-vous? — « Nous sommes des Danois. » Du reste, je m'occuperai de Dudon et du nom « Dacia » employé chez lui dans mes recherches sur Rollon.

La preuve la plus décisive que les Norwégiens n'ont guère participé aux expéditions des Vikings est cependant dans ce fait qu'a démontré aussi M. Maurer à savoir que la littérature islandaise-norwégienne sur l'époque avant Harald Haarfager (872-933), quelque pauvre qu'elle puisse être, n'a pas conservé de renseignements sur des rapports entre les rois norwégiens et les princes des états francs. Si des relations de ce genre eussent existé, il serait impossible que la tradition ne s'en fût conservée; car justement cette sorte d'événements n'échappe pas à la tradition, et les temps complètement historiques de la Norwége commencent à peine deux générations après cette époque. Je souhaite cependant qu'on étende cet argument au long règne de Harald Haarfager; car abstraction faite de la tradition sur Ganger Rolf, qui est sans fondement, comme nous allons le prouver, nous ne trouvons pas de relations entre la Norwége, l'Allemagne ou la France.

La plupart des chefs nommés dans les annales du Sud peuvent être reconnus comme rois danois. Déjà en l'an 810 il est dit que les Normands commirent des pillages en Frisonie, mais que leur roi Godefred n'y prenait pas part; il s'armait pourtant pour attaquer l'empereur Charlemagne, mais il fut assassiné bientôt après (1). En 836 on se plaint au roi Horik de l'attaque des Normands en Frisonie, mais il atteste son innocence et il soutient qu'il n'a pas consenti au pillage. En 838, il annonce qu'il a puni les chefs des pirates (2). Des annales franques racontent qu'en 854 les Normands, qui avaient exercé des ravages en France pendant vingt ans, retournèrent dans leur patrie et qu'alors eut lieu la bataille mémorable entre le roi de Danemark Horik et son parent Guttorm, où périt presque toute la maison royale (3). Bref, nous trouvons dans tout le IX$^{e}$ siècle que les pirates en Allemagne et en France sont en rapport avec le Danemark et l'intérieur du royaume.

Le résultat obtenu par cette recherche est donc que « Normanni » dans l'Ouest du continent a été la dénomination principale des Vikings, que ce nom leur est donné par les peuples du Sud, mais que « Dani » n'est pas employé comme nom commun des nations scandinaves, et enfin que nulle source ne nous raconte spécialement que les Norwégiens (les Westfoldingi exceptés) aient participé aux expéditions des Vikings. Pourtant, je ne nie *pas que* les Norwégiens quelquefois ne puissent *avoir* envoyé des flottes de Vikings au continent; je dis seulement que les sources gardent le silence à ce sujet. Je ne conteste pas non plus que des guerriers de la Norwége et des navires leur apparte-

(1) Pertz, I, 197.
(2) Pertz, I, 430.
(3) Pertz, I, 369.

nant aient été incorporés à l'armée et à la flotte danoises.

Au Xe siècle, les pillages des Normands dans l'Ouest du continent cessent, et c'est seulement par la population danoise de la Normandie, que les peuples du Sud rencontrent les Scandinaves. A cette époque, il se passe aussi un fait de la plus haute importance. Les peuples du Sud découvrent qu'il y a un pays au nord du Danemark appelé « Norvegr » et que ses habitants sont appelés « Normænd. » Il en résulte naturellement que les peuples méridionaux identifient le nom le plus connu dans le Sud « Normanni » avec « la Norwége » et ne tiennent plus aucun compte du Danemark. C'est devenu une règle surtout chez les auteurs des XIIe et XIIIe siècles. Je vais citer quelques exemples. Aimé, qui écrivait vers 1100, raconte que les Normands venaient de Nora insula (1); une chronique d'un temps plus avancé sait que les « Northmanni » appelaient la Normandie « Northmanniam, eo quod de Nortwegia egressi essent (2). » Une autre chronique nous fait connaître que les Normands venaient « ex insula Scanzia, quæ Northuega dicitur », c'est pourquoi le pays fut nommé la Normandie (3). Bref, si vraiment les sources, écrites si tard, en pouvaient témoigner, il

(1) *L'hystoire de li Normant*, p. 9 : « laquel gent premérement habitèrent en une ysulle, qui se clamoit Nora. »

(2) Pertz, *Scriptores*, I, 536.

(3) *Genealogia ducum*, chez Duchesne, 213 : « Pyratæ Danorum ex insula Scanzia, quæ Northuega dicitur, egressi... Neustriam... vocaverunt Northmanniam eo quod ab ipsis qui ex Northuega venerant, possessa erat.

faudrait que les Danois abandonnassent leurs exploits dans le passé à ce peuple du Nord, qui avait été assez heureux pour hériter du nom de « Nortmanni. » Mais nous n'avons pas besoin de prouver par de nouveaux arguments que les données de ces sources ne se basent que sur de fausses connaissances géographiques et historiques.

Passons aux sources anglaises. Ici tout est différent. Pendant que, sur le continent, « Normands » est le nom généralement employé, on se sert en Angleterre seulement du nom « Danois. » Je ne trouve pas dans les annales ou les chroniques du IXe siècle Nordmanni ou Nordmenn employé comme dénomination des Vikings en général. C'est assez singulier, car on croirait aisément qu'un usage du continent pourrait transmigrer facilement, de l'autre côté de la Manche, d'autant plus que le mot serait admissible aussi en Angleterre, si l'armée des Vikings principalement ou exclusivement consistait en Norwégiens. L'Anglo-Saxon Chronicle n'emploie jamais le mot Nordmenn dans le IXe siècle ; dans le Xe, elle s'en sert pour la première fois, en 924, et alors elle y comprend les Norwégiens, pas les Danois (1). Ethelwerdus, qui écrivit vers 1000, désigne aussi par Northmanni les habitants de la Norwége (2). — Il est donc très-singulier que l'Anglo-Saxon Chronicle, en parlant de la première invasion des Vikings, en

(1) *Monumenta*, p. 382 : « And all those who dwell in Northhumbria, as well English as Danes and Northmen and others.

(2) *Monumenta*, p. 502 : « Dani, Northmanni quoque et Suevi.

787, dise: — and on his dagum cuomon ærest 3 scipu Nordmanna of Hæredalande (var. Heredalande). L'interprétation de ces mots peut faire naître beaucoup de doutes. Munch comprend par Hæredaland « Hardeland ou Hardesyssel en Jutland », car de Hordaland dans la Norwége, on n'a pas encore sans doute fait des expéditions en Angleterre à cette époque. M. Maurer entend, par Hœredaland, Hördaland, parce que les chroniques nomment aussi les navires « scipu Nordmanna. » Il me semble que justement cette désignation rend le passage très-équivoque, lorsque, comme je l'ai démontré, Nordmenn ne se trouve pas autrement comme nom des Vikings. La source n'a-t-elle pas été interpolée ainsi que cela a eu lieu plusieurs fois dans l'Anglo-Saxon Chronicle ?

Au moins, il est certain que ce n'est pas là la notice d'un contemporain. D'abord la chronique ne dit pas que cette expédition eut lieu en 787; Byrthric, roi de Wessex (784-800), épousa cette même année la fille du roi Offa, et le compilateur y ajoute ce fait que « pendant son règne » les Normands arrivèrent pour la première fois. Or, pour pouvoir indiquer cette expédition comme la première, au moins une trentaine d'années doivent s'être écoulées, car pendant le VIIIe siècle il n'y a que trois expéditions normandes en Angleterre, et même elles furent de très-petite importance, et au IXe siècle les Vikings n'y viennent pas avant 832, 833, 835, etc. — Il y a encore plusieurs autres points à remarquer. Ainsi on voit dans l'édition de la *Chronique saxonne* par M. Thorpe qu'entre les six versions de la chronique il n'y en a que trois qui donnent « of Hæredalande. »

On sait que beaucoup d'auteurs postérieurs ont basé leurs ouvrages sur la chronique, et qu'ils donnent justement les mêmes faits qu'elle. Néanmoins il n'en est aucun qui parle de ce « hæredeland », nom qui les intéresserait sans doute beaucoup s'il était une localité géographique. Ethelwerd, Florenz de Worcester, Henri de Huntingdon, Gaimar, Richard de Circester, Matthieu de Westminster, Bartholomé Cotton, parlent de cette même expédition; mais il n'en est pas un seul qui parle de Heredeland. Il me semble donc prouvé que le passage est tout à fait douteux, et que le nom doit dériver d'une fausse lecture. — J'ose dire qu'il faut lire au lieu de « comon scipu Nordmanna of heredalande » « comon scipu Nordmanna oferherian thet land » « forherian thet land » « on hergod landes » ou quelque chose d'analogue, « ils vinrent piller le pays (Cf. a. 865 : oferhergode ealle cent. 887 : thœt land forhergodan. a. 911 : on hergead foron a. 915 on hergod, etc.). On regrette une telle indication dans le passage. — Enfin Henri de Huntingdon semble indiquer que nous avons trouvé la vraie lecture, car il traduit : *venerunt Dani prædationis causa.* — On voit donc que c'est à la critique du texte et non pas à la géographie de trouver la vraie signification de Heredeland.

Comme une dernière preuve que les Norwégiens ont participé aux expéditions des Vikings en Angleterre, au IX° siècle, M. Maurer cite quelques annalistes anglais et deux sagas du Nord — mais d'après les principes sur lesquels j'ai basé cet ouvrage, je ne puis pas les faire entrer en considération. Florence de Worcester et Henri de Huntingdon n'écrivaient qu'au XIIe siècle et leurs données ne témoignent pas de connaissances sérieuses. On ne saurait se fier au saga d'Olaf Trygvason, ni au saga fantastique d'Orvar Odd.

L'opinion que nous venons d'émettre est confirmée d'une manière très-caractéristique par les sources irlandaises. On sait qu'elles distinguent entre deux peuples : Dubhgaill ou païens noirs, et Finngaill, les païens blancs, et tous les savants ont supposé, ce nous semble avec raison, que les Finngaills sont les Norwégiens, les Dubhgaill les Danois. Les sources d'Irlande et de Wales parlent des conquêtes des Vikings en Angleterre, et elles nous informent qu'ils étaient Danois, voir par exemple : *Annales Ultonienses*, 866 : *prælium contra Saxones septentrionales apud Eboracum civitatem per nigros gentiles. Annales Cambriæ,* 866, *et Brut y Tywysogion,* 866 : *Urbs Ebraûc vastata est; id est cat Dub gint* (1). *Ann. Ultonienses,* 892 : *prælium contra alienigenos nigros a Saxonis gestum in quo deletus est exercitus ingens.*

Je ne nie cependant pas que la Norwége ait envoyé souvent, et même en nombre assez considérable, des guerriers à l'armée de Vikings en Angleterre, comme je ne l'ai pas nié dans mes recherches sur l'expédition du continent. — M. Maurer a appelé

(1) M. Williams ab Ithel, dans ses éditions de ces deux chronicles, dans « Rerum Britannicarum scriptores », a mal compris ces mots comme indiquant le lieu de bataille.

l'attention sur cette désignation de rang dans l'armée danoise « hold » qui se trouve dans les sources anglo-saxonnes et qui, probablement, est le même que le norwégien « hœldr », le grand paysan propriétaire ; un tel nom ne s'est pas encore trouvé en Danemark, je crois, et nous avons donc ici peut-être une trace des Norwégiens dans l'armée. Du reste, ce nom ne se trouve qu'à partir de l'année 905, 910, et il est incontestable que des armées norwégiennes pillaient l'Angleterre au Xe siècle.

Examinons le nom des Normands dans les *Annales irlandaises.* Elles les appellent très-souvent Lochlannach ou Lochlann et leur patrie Lochlann. Dr. O'Brien le comprend dans son dictionnaire comme la patrie de l'un et l'autre peuple, les païens blancs et les païens noirs. Dr. Todd en convient et il dit avec raison que Lochlannach le plus souvent signifie les Norwégiens. Quelquefois les Lochlannach sont même en guerre contre les Daunites, il n'y a donc pas de doute qu'alors les premiers nommés sont les Norwégiens. — L'étymologie de Lochlann est « le pays des lochs, » mais comme loch est synonyme de lac, et aussi de baie, quelques savants l'interprètent comme la Norwége et d'autres comme le Danemark (1). On pourrait même supposer que Lochlann n'est qu'une traduction de Sæland, ce qui suivant

(1) M. Munch pense à la côte ouest de la Norwége avec toutes ses îles et ses baies. M. O'Brien dit : « Tous les pays riverains de la mer Baltique sont pleins de lacs : c'étaient sans doute par des Danois eux-mêmes que les Irlandais apprenaient à connaître la nature de leur patrie, et c'est pourquoi aussi ils leur donnaient le nom irlandais Lochlannaicc. »

l'étymologie ancienne et populaire veut dire « le pays des lacs. »

En Irlande les peuples du Nord étaient aussi appelés Finn Gaill, les païens blancs (Norwégiens) et Dubh-Gaill, les païens noirs (Danois). Cette dénomination ne dérive pas de la couleur des cheveux ou du teint, il nous semble, mais plutôt de la couleur des armes ou des habits (1).

Enfin on trouve aussi le nom de « Normanni » employé pour les Norwégiens ou pour les Vikings en général, surtout dans les chroniques latines. Daunites et Danars signifient les Danois et plus tard c'est un nom commun des Vikings. Un fragment d'annale parle d'Aunites, certainement une faute de lecture pour Daunites (2).

En Espagne les Vikings étaient appelés Nordmanni ; dans une source arabe se trouve le nom *Rous*, c'est le nom en général des Vikings à l'Est de l'Europe.

Ce fut par une circonstance assez curieuse que le peuple russe se montra pour la première fois à l'Ouest de l'Europe. Le roi de Grèce, Théophile, avait envoyé une ambassade à l'empereur Louis à Ingelheim, en 839, et avec ces ambassadeurs étaient quelques hommes qui se disaient être de la nation russe (« dicebant se, id est gentem suam, Rhos vocari. ») Leur roi les avait envoyés à Constantinople, mais ils

(1) Ou des navires. Je trouve dans une chanson dans « *The war of the gaedhil,* » p. 13 : *Danars of the black ships.*

(2) En tout cas on ne peut pas, comme le fait M. O'Donovan dériver le nom de Haunia (Copenhague), fondée vers la fin du XIIe siècle.

n'osaient pas retourner par le chemin qu'ils avaient parcouru à cause de la barbarie des peuples de ces contrées. L'empereur de Grèce demanda la permission pour eux de retourner en passant par l'Allemagne. Les étrangers furent interrogés, et on découvrit qu'ils étaient Suédois. Ils appartenaient donc à ce peuple qui ravageait les côtes du Nord de l'Allemagne. Ils furent arrêtés comme espions.

Nous ne savons pas comment cet incident se termina, mais nous pouvons facilement en trouver la cause. Les ambassadeurs grecs ont appelé les étrangers « Rhos », du nom des Vikings de l'Est ; en Allemagne on n'a pas su qu'il s'appliquait aux Suédois.

De ces recherches que nous venons de terminer il résulte que le nom qu'on doit employer comme dénomination générale des pirates scandinaves est Normands. C'est le nom qui est donné le plus souvent aux Vikings ; c'est sous ce nom qu'ils ont fait leurs plus célèbres conquêtes, c'est le nom que portent encore leurs descendants dans leur plus illustre colonie. Le nom « Normands » est enfin très-pratique pour les recherches historiques, car nous pouvons y ajouter Français, Norwégiens, Danois, etc., pour faire comprendre de quels Normands nous voulons parler.

---

# IV.

## REGNER LODBROG ET SES FILS.

SOMMAIRE : Résultat actuel des recherches sur Regner Lodbrog. —Les sources de son histoire.—Ce célèbre Viking doit avoir vécu au milieu du IXe siècle.—Une chronique irlandaise nous donne quelques détails sur lui et sur l'expédition de ses fils en Afrique.—Son expédition en 846 a fait naître une légende chrétienne et une tradition païenne. — Regner est mort en Northumbrie. — Saxo attribue à son fils Huitsærk la conquête de Kijew par les Scandinaves et le sort des chefs Dir et Askold, comme nous le raconte Nestor. — Les fils de Regner ont poussé les expéditions normandes plus au Sud et plus au Nord.

Regner Lodbrog est le plus célèbre Viking du Nord. Les poètes l'ont chanté dans leurs chansons, les historiens l'ont vanté dans leur Sagas; les familles ont commencé leurs arbres généalogiques avec lui — et néanmoins Regner reste un personnage énigmatique. Chaque fois que l'historien critique veut le saisir et le fixer à des lieux et à des temps certains, il lui échappe des mains et se montre dans le lointain. Il semble posséder toutes les qualités d'un héros de la fable, être contemporain de plusieurs générations, un vrai Sosie pendant son vivant et un revenant après sa mort.

Les études sur Regner Lodbrog sont déjà étendues; le résultat en est très-médiocre. M. Jessen, dans ses recherches sur la haute antiquité du Nord (1), en traitant l'histoire de la famille de Lodbrog, a réussi à prouver que les généalogies et les traditions du Nord sont sans valeur, partout où elles sont contredites par des annales franques. Le résultat a été d'une grande importance pour les études de notre histoire, mais quant à la question qui nous occupe, M. Jessen n'est pas arrivé à des conclusions soutenables. Il prouve jusque à l'évidence que le nom du père de Regner, Sigurd-Ring, est né d'une confusion de quelques lignes royales, où les deux rois contemporains et de pouvoir égal, Sigurd et Ring, sont nommés comme prédécesseurs de Regner, et que le Regner de Saxo le grammairien joue le même rôle que le Reginfred des annales franques. Mais M. Jessen ne nous montre pas pourquoi on a fait de ce pauvre Reginfred le plus grand héros du temps des Vikings, et pourquoi on lui a attribué justement toutes ces guerres et toutes ces conquêtes.

Essayons s'il est possible de trouver le vrai Regner Lodbrog et son histoire authentique en expliquant pourquoi on a attribué à ce personnage ces expéditions et ces conquêtes tant vantées dans les Sagas scandinaves.

Le sujet est quelque peu confus et compliqué, les recherches nous conduiront à des points très-diffé-

(1) Undersœgelser til nordisk Oldhistorie af C. A. E. Jessen.

rents et au milieu de sources très-diverses ; quelquefois nous devrons analyser des annales solides, quelquefois des traditions fabuleuses. Je demande au lecteur de me suivre jusqu'au bout avec attention.

I. Nous possédons pour l'histoire de Regner Lodbrog quatre sources principales, savoir : le récit du neuvième livre de Saxo, les deux Sagas islandais : Saga af Ragnari Konungi Lodbrok ok sonum hans (1), et Thattr af Ragnars sonum (2) ; enfin le poème Krakumal qu'a, suivant la tradition, chanté Regner mourant (Lodbrokarkvida) (3). Les deux Sagas semblent dater d'un temps assez moderne. Ainsi Keyser (4), dans son histoire de la littérature des Norwégiens, croit le Saga de Regner composé dans la seconde moitié du XIIIe siècle, le Thattr, vers 1300. L'âge du « Krakumal » est très-discuté parmi les savants ; suivant l'opinion de M. Keyser (5), le poème date du IXe siècle, tandis que M. Storm (6) le croit écrit dans le XIIIe siècle.

Nous nous occuperons ici surtout du récit de Saxo, le texte le plus ancien et le plus étendu sur les expéditions de Regner dans les différents pays de l'Europe, tandis que les Sagas s'occupent surtout de ses aventures d'amour. Nous allons énumérer

(1) Fornaldar sœgur, I, 239-99 ; *Antiquités russes*, Ier vol.

(2) *L. c.*, I, 342-60.

(3) Krakas Maal, ved C. C. Rafn, 1826. Avec une traduction en latin et en français.

(4) Efterladte Skrifter, I, 391 et suiv.

(5) *L. c.*, I, 276.

(6) *Norsk Historisk Tidsskrift*, III, 78.

aussi brièvement que possible ses exploits et ses conquêtes.

Regner, fils du roi Sigurd-Ring, monta sur le trône après la mort de son père. Pendant une expédition qu'il entreprit en Suède, une guerre civile éclata en Danemark ; les habitants du Jutland et de la Scanie se révoltèrent contre les Selandais, qui avaient pris parti pour Regner ; celui-ci dut revenir en toute hâte et défit les insurgés. Quelque temps après, les mécontents fomentérent de nouveaux troubles et élirent pour roi un certain Harald, qui, avec toute son armée, fut défait par Regner. Puis l'infatigable guerrier partit en expédition en Angleterre et tua Hamon, le père du jeune prince Ella. Il conquit l'Écosse et les îles adjacentes ainsi que la Norwége, et il installa partout ses fils comme régents. Pendant ce temps Harald fut proclamé encore une fois roi de Danemark, et Regner dut marcher contre lui. Harald s'enfuit auprès de l'empereur Charlemagne, Regner le poursuivit et battit l'armée impériale. Puis le héros passa en Suède, où, après un duel avec le géant Scardh, le fils de Regner, Bjœrn, fut créé roi. L'armée danoise se tourna vers le Sud, et Regner combattit les deux princes royaux de l'Hellespont, Dian et Daxon, ainsi que l'armée russe et l'armée skythe qui venait à leur secours. Hvitsœrk fut roi de la Scythie. Nous passons sur ses combats avec les Finnois et les Bjarmois pour les traiter d'une manière spéciale un peu plus loin, en racontant la triste fin de ce magnifique drame. Dans la campagne contre le prince Hella, Regner tomba au pouvoir de son ennemi et fut jeté dans une fosse remplie de serpents. Sous les morsures de ces animaux venimeux il fit entendre son dernier chant, qui se termine par ces mots célèbres : « Ils grogneraient, les cochons de lait, s'ils connaissaient les douleurs de la truie. »

Les fils surent venger la mort de leur père. Hella fut fait prisonnier et mis à mort de la manière la plus cruelle. Ivar et Sigurd régnèrent en Danemark, Agner en Angleterre.

II. Il y a dans ce récit long et romanesque des parties qu'on reconnaît très-facilement comme vraies et historiques, confirmées par les annales franques, savoir les combats continuels entre Regner et Harald. Le rival de Regner ne peut être autre que ce Harald qui, dans les années 812-13 et 819-27 partageait le trône avec lui et qui fut baptisé à Mayence en 826 ; il est donc très-probable que Regner est le même que Reginfred, qui à la même époque (812-814) était roi de Danemark. M. Jessen se contente de ce résultat, et il ne voit pas qu'il a seulement prouvé que Saxo a confondu les deux personnages, le grand héros Regner Lodbrog et le prince malheureux qui règne de 812 à 814 ; car il est impossible que ce prince soit le vrai héros danois. Nous savons par de solides annales franques, que Reginfred n'a régné que deux ans ; déjà, en 813, Regner est expulsé de son royaume, et il va chercher assistance chez les Vendes. Il tombe en 814 dans le combat entre les fils de Godfred. Ainsi Reginfred a lutté pendant trois ans pour être roi de Danemark. Il a remporté la victoire dans le premier combat ; dans le second il est battu et doit s'enfuir du royaume, dans le troisième il perd la vie ! Est-il possible qu'un personnage aussi infortuné, aussi fainéant soit anobli et regardé par le Saga comme le plus grand Viking du Nord ?

Il y a encore un autre fait qui nous défend de croire à l'identité de ces deux personnages. On peut fixer avec une certaine précision l'époque à laquelle vivaient les fils de Regner Lodbrog. Bjœrn, côte de fer, est mentionné au milieu du IXe siècle, quand il pillait les rivages de France, avec son maître Hasting. Il retourne de son voyage dans la Méditerranée en 862, et meurt en Frisonie (1). On trouve Ivar et Ubbe ainsi que Halvdan en 855 à Shepey (2), ils tuent le roi Ella en 867; suivant toute vraisemblance, Ivar meurt en 873 (3), Halvdan en 876 (4). Un Sitroc ou Sigifred, identique peut-être à Sigurd « le ver dans l'œil » se rencontre dans les annales de 852 à 891 (5). Il est

(1) Pertz, I, 456, II, 304 *(Berno Nortmannus)*, Willelmus Gemmeticensis, I, c. 5 (Bier costæ ferreæ) *Twysden scriptores*, 451.

(2) Pertz, XIX, 506, Mathieu de Wertsminster, *Flores historiarum* (1601), p. 162 : Lothbrocus... duo filii Hinguar et Hubbe, Steenstrup, Indledinng, Normannertiden, 112-115.

(3) *Annales Ultonienses*, 873. *Fragments of annals*, p. 119.

(4) Four Masters 874 (-876) Alband chief af the Dubhgheinte was slain. The war of the Gaedhil, p. 27 : A battle in which fell Regnalls son.

(5) Il y a trop de « Sitric » pour pouvoir indiquer sûrement lequel est le fils de Regner; voir Pertz, I, 386; II, 304. — Cependant les *Annales Inisfallenses* nomment, etc., 853, deux frères Stricus et Ibarus en Irlande. O'Conor Scriptores II, 34. — Sur les filles de Regner Ledbrog, voir Landnamabok, III, 1. Asser (*Monumenta Britaniœ*, p. 481) : « dicunt enim quod tres sorores Hungari et Habbæ filiæ videlicet Lodebrochi illud

bien certain que le père de ces héros qui sont à la fleur de l'âge de 850 à 888 n'est pas mort en 814. Guillaume de Jumiéges nous dit même que Bjœrn, en 850, était envoyé tout jeune par son père en piraterie avec son précepteur.

III. Il nous semble hors de doute qu'il faut chercher le vrai Regner Lodbrog, le père de ces jeunes gens, parmi les Vikings de l'ouest, au milieu du siècle.

Je désire appeler ici l'attention sur une source irlandaise, très - caractéristique. M. O'Donovan l'a publiée en vieil irlandais, avec la traduction anglaise pour la Société irlandaise archéologique et celtique, sous le titre de *Trois fragments copiés dans les anciennes sources*, par Dubhaltach mac Firbisigh (1). »

« A cette époque (865-866) apparurent devant York, des Aunites (ce sont les Danois), avec une armée nombreuse, et ils s'emparèrent de la ville et la détruisirent ; ce fut le commencement de grandes souffrances et de grands malheurs pour les Anglais. Car peu auparavant il y avait eu des guerres et des troubles en Lochlann, dont voici la cause : les deux fils cadets d'Albdan, roi de Lochlann, avaient expulsé leur frère aîné Raghnall, de peur qu'il ne succédât à leur père sur le trône de Lochlann. Raghnall vint avec ses trois fils aux Orcades et y resta avec son fils cadet.

vexillum texuerunt et totum paraverunt illud uno meridiano tempore. »

(1) O'Donovan, *Three fragments copied from ancient sources*, p. 159-163.

Mais les aînés, poussés par leur arrogance et par leur ambition allèrent aux Iles-Britanniques pour attaquer les Francs et les Saxons. Ils croyaient que leur père était retourné en Lochlann peu après leur départ.

« Alors leur orgueil et leur fougue juvénile les poussèrent vers la « mer Cantabrique », mer entre Érin et l'Espagne, pour aborder en Espagne, où ils firent beaucoup de mal et mirent tout le pays à feu et à sang. Puis ils passèrent par le détroit Gaditanais (endroit où la Méditerranée se joint à l'Océan extérieur), abordèrent sur les côtes d'Afrique, et soutinrent un combat contre les Maures qui furent tués au milieu d'un grand carnage. Mais un des fils se préparant au combat dit à son frère : « Frère, c'est une grande folie et une grande sottise de courir ainsi d'un pays à l'autre, à travers tout le monde, et d'exposer notre vie au lieu de défendre notre patrie et d'obéir à la volonté de notre père; il est seul maintenant loin de sa patrie, il vit dans un pays qui n'est pas le sien; le fils que nous avions laissé auprès de lui a été tué, comme il m'a été révélé (il l'avait appris dans un rêve), et un autre fils a succombé sur le champ de bataille. Je serais même étonné que notre père ait eu la vie sauve dans ce combat. Et il en était réellement ainsi; *quod revera comprobatum est.*

« En prononçant ces paroles, il vit avancer la ligne de bataille des Maures. Il s'élança brusquement dans la mêlée, et il arriva jusqu'au roi de Mauritanie; en dirigeant des coups contre lui de sa longue épée il lui coupa une main. Le combat fut continué jusqu'à la fin avec une grande bravoure de part et d'autre, mais aucun d'eux ne remporta la victoire ; beaucoup de guerriers tombèrent, et enfin les deux partis se retirèrent dans leur camp. Ils se provoquèrent à un nouveau combat pour le lendemain. Mais le roi de Mauritanie s'enfuit de son camp, pendant la nuit, après avoir perdu sa main. Au point du jour, les Lochlanns, vêtus de leurs armures, se préparèrent au combat pleins d'ardeur et d'espoir. Mais quand les Maures s'aperçurent que leur roi les avait abandonnés, ils prirent eux-mêmes la fuite ; la plupart tombèrent au pouvoir de l'ennemi et furent massacrés. Puis les Lochlanns mirent tout au pillage sur leur passage dans le pays ; ils emmenèrent une grande quatité de Maures prisonniers à Érin, et ceux-ci sont les hommes bleus d'Érin, car les Maures sont identiques aux hommes noirs, et la Mauritanie a la couleur noire (*nigritudo*). Mais les deux tiers des Lochlanns furent ou massacrés ou submergés dans le détroit Gaditanais ; et si le reste échappa, ce ne fut que par miracle. — A la vérité les hommes bleus furent longtemps à Érin : La Mauritanie est située vis-à-vis des îles Baléares. »

Il y a ici des renseignements très-remarquables. Les fils de Raghnall se livrent à la piraterie d'Angleterre, en Espagne et en Mauritanie ! On nous raconte leurs pressentiments et leurs craintes de la mort de leur père ! Nous nous trouvons presque d'accord avec le Saga islandais, qui nous dit que les fils de Ragnar, ayant pillé les pays du Sud (jusqu'à Luna), retournèrent sur leurs pas. Ils pensaient visiter le royaume que Ragnar gouvernait ; ils ne connaissaient pas les résultats de son expédition, et « ils étaient très-curieux de savoir comment il avait réussi (1). » Dans le Saga comme dans la chronique irlandaise, le père meurt pendant leur entreprise dans la Méditerranée.

Étudions à fond cette chronique irlandaise. D'abord, est-ce une bonne source ? Le texte n'est conservé que dans une copie d'un manuscrit sur vélin du XVII^e siècle, mais il n'y a pas lieu, pour cette cause, de soupçonner la chronique. Ses données se confirment par d'autres annales irlandaises et anglaises ; elles se basent, selon toute apparence, principalement sur les vieilles chansons héroïques et sur des chroniques actuellement perdues (2).

La partie citée ici commence par raconter comment les Danois conquirent la ville de York avec une grande armée. Auparavant, on a parlé d'un événement notable en 867 ; il n'est donc pas douteux que la chronique ne concerne le siége de York en 867. De cette époque, la chronique revient à ce qui se passait quelque temps auparavant, comment les fils de Raghnall séjournèrent en Angleterre avec une nombreuse armée et se disposèrent à faire des expéditions dans des pays étrangers. Ils firent voile pour l'Espagne et la Mauritanie. — A quelle époque faut-il fixer cette expédition ?

(1) *Fornald. Sœgur*, I, 283.

(2) L'éditeur, en parlant d'une autre partie de la chronique (p. 177), juge qu'elle est la plus complète des sources découvertes jusqu'ici, qu'elle semble tout à fait authentique et écrite immédiatement après l'événement.

Les Normands, dans le IX^e^ siècle, visitèrent l'Espagne seulement deux fois, en 844 et en 858-860 ; il faut choisir entre ces deux époques, et, comme la dernière est plus rapprochée de 867, elle est la plus vraisemblable. Il est vrai que le géographe arabe, Becrî, raconte que les Madjous (les païens) abordèrent, dans leur première expédition, à la côte occidentale de l'Afrique, mais ils ne vinrent pas alors à la Méditerranée, et leur descente avait un but paisible (1). — On trouvera chez plusieurs auteurs arabes des renseignements sur les pillages en 860 conformes en plusieurs points à la chronique irlandaise. Becrî, par exemple, nous dit que les Normands passèrent d'Espagne en Afrique et abordèrent à Nécour (actuellement Mezemma). La ville fut prise ; les Normands pillèrent et firent prisonniers les Musulmans, qui durent racheter leur liberté au prix de fortes rançons. D'autres Arabes disent brièvement que les Normands allèrent en Afrique et ravagèrent le pays ; Sébastian de Salamanca confirme qu'ils pillèrent Nachor, en Mauritanie, et massacrèrent un grand nombre de Musulmans ; puis ils attaquèrent les îles Majorka, Formentera et Minorka, qui furent ravagées (2).

(1) Ibn-al-Coutia raconte un pillage à Nécour, dans la Méditerranée, en 844 ; mais il a confondu les deux expéditions, comme le prouve Dozy, *Recherches sur l'histoire et la littérature de l'Espagne* (seconde édition), II, 288-90.

(2) Becrî (p. 92, éd. Slane) : Ils prirent la ville, la pillèrent et réduisirent ses habitants en servitude, à l'exception de ceux qui s'étaient sauvés par la fuite. Parmi leurs prisonniers se trouvèrent Ama-ar-rahmân et Khanoula, filles de Wâkif-ibn-

Je crois que ces renseignements confirment d'une manière décisive la chronique irlandaise. Son auteur sait que les Normands attaquèrent les rivages de l'Afrique après avoir passé le détroit de Gibraltar ; la scène de ces exploits, la Mauritanie y est placée vis-à-vis des îles Baléares, — tout ceci conforme avec Nécour. La chronique dit encore qu'un tiers à peine des Vikings revint dans sa patrie, tant fut grand le nombre des guerriers tués sur le champ de bataille ou noyés dans le détroit gaditanois. Ainsi, la flotte doit avoir fait naufrage,—un fait que Ibn-Adhârî confirme en disant que les Normands, qui en 860 retournaient en Espagne, avaient perdu plus de 40 de leurs vaisseaux (1). Guillaume de Jumiéges, parlant du même événement, nous raconte que la plus grande partie des navires en retour d'expédition dans la Méditerranée firent naufrage (2).

Enfin, nous nous demandons s'il y avait des fils

Motacim ibn-Çalîh. L'imâm Mohammed ibn-Abdérame les racheta. Les Madjous restèrent huit jours à Nècour. Dozy, 293, Scriptores *Rerum Danic.*, I, 552.

(1) Ibn-Adhârî (éd. Dozy, II, p. 99) : Ensuite, ils retournèrent vers la côte d'Espagne ; mais ils avaient déjà perdu plus de quarante de leurs vaisseaux, et quand ils eurent engagé un combat avec la flotte de l'émir Mohammed, sur la côte de Sidona, ils en perdirent encore deux qui étaient chargés de grandes richesses. Leurs autres navires continuèrent leur route. Dozy, *Recherches*, 292.

(2) L. 1, c. 11. « Nam Bier totius excidij signifer, exercituumque Rex, dum natiuum solum repeteret, naufragium passus, vix apud Anglos portum obtinuit, quam pluribus de suis nauibus submersis. Indeque Frisiam repetens, ibidem obiit mortem. » Cf. Benoît, *Chronique*, I.

de Lodbrog dans ce voyage à la Méditerranée. C'est ce qu'on ne saurait nier. Bier, côte de fer, est cité par Guillaume de Jumiéges, par Wace, par Benoît comme le chef de l'expédition avec son père nourricier Hasting.

Ainsi la chronique irlandaise est confirmée dans tant de points, qu'on doit, je crois, l'accueillir comme très-digne de foi.

Il nous semble donc hors de doute que nous avons trouvé le vrai Regner Lodbrog, le personnage historique, auquel se rattachent toutes ces guerres et toutes ces conquêtes, dont parlent Saxo et les Sagas. Le héros a vécu, comme nous l'avions supposé, vers le milieu du IXe siècle; il est mort vers 860, pendant que ses fils allaient à la Méditerranée et en Afrique.

IV. Nous continuons nos recherches pour trouver d'autres traces authentiques de notre héros.

Les annales franques parlent d'un Ragneri qui, en 845, vint par la Seine jusqu'à Paris et ravagea le pays (1). Il est possible que nous nous trouvions ici en face de notre héros.

Je vais prouver que la tradition de Saxo connaît cette expédition de Regner; malheureusement elle l'a tout à fait défigurée. Je prie le lecteur de me suivre patiemment non au milieu d'annales sûres, mais à travers des traditions sombres et mystérieuses.

Regner (nous dit Saxo) faisait une expédition contre les Bjarmois. Ceux-ci, par leurs enchante-

(1) Pertz, *Scriptores*, II, 302 : « Anno 845 Ragneri dux Nortmannorum venit cum classe sua et usque Parisius accessit. »

ments, déterminèrent le Ciel à envoyer sur la terre des nuages épais comme un brouillard, qui forcèrent les Danois à arrêter leur navigation; ils souffraient déjà du manque de vivres. Puis les Bjarmois changèrent la température en une chaleur excessive; cette variation subite de la température engendra une dyssenterie qui décima l'armée. Regner dut se retirer au pays des Kourois et des Finnois (1).

Regardons de plus près ce qui arriva à la flotte normande en 845. Prudentius nous raconte que les Normands, avec 120 navires, s'étaient avancés par la Seine jusqu'à Paris. A la même époque, une famine affreuse, après un hiver très-dur, ravageait la Gaule au point que les habitants mouraient par milliers. Il fallait payer les Normands qui se retiraient de la Seine et pillaient les côtes de la mer. Mais Dieu ne voulut pas permettre que leur orgueil restât sans

(1) Saxo, 452 : « At Regnerus, cœteris prompta sibi deditione substratis, quum quinquennem prope modum piraticam explevisset, Bjarmos nuper devictos invalida subjectionis fide palam imperium detrectantes invenit. Qui quum adventum ejus compertum. Haberent, carminibus aggressi cœlum, solicitatas nubes ad summam usque nimborum violentiam impulerunt. Quæ res Danos aliquamdiu navigatione prohibitos alimentorum facultate defecit. Eosdem quoque, subito remissa tempestate æstuosissimi fervoris flagrantia torruit. Nec ea quidem pestis concitati frigoris magnitudine tolerabilior extitit. Itaque anceps geminæ intemperantiæ malum vicissim affecta corpora immoderata utriusque status accessione corrupit. Cœterum laxi ventris profluvium complurimos exanimavit. Ita Danorum plerique, dubia cœli qualitate conclusi, passim oborta corporum pestilentia decesserunt. Cumque se Regnerus adulterina magis quam vera aeris vi præpeditum animadverteret utcunque navigatione producta, in Curorum Semborumque regionem accessit. »

châtiment. Après leur pillage du couvent Sithdiu (St-Bertin), les Normands furent aveuglés par des brouillards et frappés de folie, de sorte que quelques-uns seulement parvinrent à s'échapper. — Cette même histoire se retrouve dans les Annales de Xanten, dans la : *Vita Sancti Germani*, et dans la : *Vita Sancti Gommari* avec plusieurs détails ; on apprend le nom du chef des Normands, Regner, on voit qu'un fléau ou une maladie frappe les guerriers, qui sont aveuglés et souffrent d'une affreuse dyssenterie ; du reste la scène varie un peu dans les différents récits (1).

Il nous semble impossible de nier que les deux récits, la fable païenne et la légende chrétienne, traitent du même fait historique, et il est même intéressant de voir les différentes formes sous lesquelles il se présente. Les deux récits ont les mêmes parties essentielles :

1° Une flotte normande surprise par le mauvais temps pendant une expédition.

2° Les troupes entourées de brouillards et obligées de suspendre leur expédition.

3° Une dyssenterie les frappant et les obligeant à quitter le pays.

(1) Voir Pertz, *Scriptores*, I, 228; I, 441 : « Ita divino judicio vel tenebris cœcati et insania sunt repulsi, ut vix perpauci evaderent qui Dei omnipotentis iter ceteris nuntiarent. » — Duchesne, *Historia Francorum*, II, 657 : « Divini judicii cæcitate sunt perculsi... insuper et ita dysenteriæ morbo, sunt afflicti ut dum quotidie morerentur nullus ex tanta multitudine se putaret evadere. » *Acta Sanctorum*, 28 mai, p. 799 ; 11 oct., p. 688. Steenstrup, *Indledning i Normannertiden*, p. 97.

4. Dans les deux cas, le fléau a pour cause une influence surnaturelle.

5. Les deux récits mentionnent un chef *Regner*.

Ainsi nous croyons avoir retrouvé Regner Lodbrog encore une fois, quoique ses exploits soient très-altérés dans les récits de Saxo et de la légende. Il est vrai que les Annales de Xanten et la *Vita S. Germani* disent que Regner meurt de maladie, tandis que Regner Lodbrog doit avoir vécu jusqu'en 860; mais cette conclusion nous semble empruntée au style légendaire; aussi la *Vita S. Gommari* se contente-t-elle de le représenter comme ayant été aveugle jusqu'à sa mort.

V. Un savant irlandais distingué, le Dr Todd, a cherché, par une autre voie, à fixer le temps de Regner Lodbrog en l'identifiant avec le roi d'Irlande, Turgesius, mais ses arguments ne nous semblent pas concluants. Il est vrai que Regner, suivant Saxo, tue le roi irlandais Melbricus, et qu'un roi Maelbrigdhe, suivant les chroniques irlandaises, est battu par les Normands en 831 (1), mais les annales d'Irlande ne disent pas que cette flotte ait été commandée par Turgesius, qui, au contraire, selon elles, n'arrive pas avant 832. Aussi, les récits de la mort de ces deux héros sont-ils bien différents. Turgesius, suivant les annales de l'Irlande, est noyé par les Irlandais dans le Loch-Uair, en 845; suivant une fable plus moderne, il fut poignardé dans un congrès de paix par quelques jeunes Irlandais déguisés en jeunes filles. Regner

(1) Four masters, 829. *Chronicon Scotorum*, 831.

Lodbrog, au contraire, suivant la tradition scandinave, est mort en Northumbrie au pouvoir du roi Hella. Mais selon le Dr. Todd, la tradition générale du Nord serait que Regner est mort en Irlande (1).

Voyons d'abord Saxo. Il appelle le père de Hella Hamo, « rex Britanniæ » (p. 448); plus bas, Hella se fait proclamer roi d'Angleterre (p. 459), et, ayant été battu, fuit en Irlande (« Hella ad Hybernos collatus »); Regner l'y attaque, mais devient son prisonnier. Après la mort de son père, Ivar veut le venger et fait une expédition en Angleterre (p. 462). Ainsi, Saxo ne nomme l'Irlande que pour parler de la mort de Regner. Il me semble donc très-naturel de supposer que Saxo n'a pas écrit : « Hella ad Hybernos collatus », mais « ad Humbros », suivant sa manière de désigner les habitants de la Northumbrie, voir p. 366 : « Humbrorum rege prostrato. » Cette conjecture a d'abord pour base : 1° cette vérité historique que Hella se retire chez les Northumbriens; 2° ce fait que Saxo ne dit pas ailleurs que Hella vivait en Irlande; 3° enfin le témoignage du Lodbrogsaga, ch. XV, et du « Thattr af Ragnars sonum ». ch. III, qui disent tous les deux que Hella vivait en Angleterre et en Northumbrie (2).

Ce passage n'est pas, à beaucoup près, le seul qu'il faille corriger dans le texte de Saxo; et chose

(1) *The war of the Gaedhil*, p. LIV.

(2) Deux chroniques latines d'un temps assez moderne, qui parlent de Ella en « Hibernia », sont sans doute à corriger de la même manière. Langebek, *Scriptores*, I, 36, 156.

remarquable, il sera très-souvent possible, en le corrigeant, de le rendre plus intelligible et plus conforme à d'autres sources. Saxo parle, par exemple, p. 458, de l'expédition de Regner en Angleterre, de son combat devant « Norvicus » avec le roi Hella. Ici il faut lire : « Jorvicus », l'ancien nom scandinave d'York, qui est beaucoup plus célèbre dans l'histoire des Vikings que Norwick et qui même est mentionné dans une chanson que cite le saga of Ragnars sonum (1). Ce mot corrigé, on comprend que le texte de Saxo parle de la guerre célèbre autour d'York en 867, dont les chroniques anglo-saxonnes et d'autres sources nous donnent une description exacte. Il y avait à cette époque une guerre civile et des troubles en Northumbrie; on avait détrôné le roi Osbert et élu un autre Hella qui ne pouvait invoquer aucun droit de succession (comparer l'expression de Saxo : « In Hellam quendam..... falsam regis contulerunt potestatem »). Les armées danoises, qui avaient abordé à l'Ostangel, en 866, profitant de ces troubles, partirent en expédition contre les Northumbriens sous leurs chefs Ivar et Ubbe, fils de Regner Lodbrog. Cependant le péril commun rapprocha les deux rivaux, qui se dirigèrent vers York et assiégèrent la ville. Après un combat acharné, les Danois remportèrent la victoire et les deux rois furent tués. Chez Saxo, Ella n'est que mis en fuite; et il y a aussi des sources étrangères qui disent qu'Ella ne mourut pas dans le

(1) Ch. III : Ok Ellu bak at lèt hinn er sat Ivar ara Jorvik skorit.

combat même, mais peu de temps après dans des circonstances spéciales et assez mal définies (1).

VI. Il reste encore à étudier les récits de Saxo sur le fils de Regner nommé Hvitsœrk.

Regner fait la guerre contre l'Hellespont et son roi Dian, qui succombe dans le combat. Ses fils Dian et Daxon reçoivent des secours de la Russie et de la Scythie; néanmoins, toutes les armées rivales sont battues par Regner (2). La Scythie, qui semble être le seul pays conquis, est donné à Huitsœrk. Il résulte de l'ensemble de ce texte que Regner est allé à l'Hellespont par une voie orientale (Saxo, p. 451-452).

Comme c'est un fils de Regner qui joue un des principaux rôles dans ce récit, Saxo doit sans doute parler ici du temps écoulé depuis 850 à 870, et nous rechercherons en conséquence si l'on a fondé à cette époque une province scandinave, « la Scythie. »

On sait qu'au milieu du IXe siècle (Nestor dit 862), les trois frères Rurik, Sineus et Truwor furent appelés de l'autre côté de la mer pour gouverner les peuples slaves qui demeuraient au sud du golfe de Bothnie.

(1) Suivant Geffroy Gaimar, v. 2725, et Bromton, Twysden, col. 803, Ella était à la chasse pendant le combat et succomba plus tard. O'Donovan, *Three fragments*, p. 173 : « They defeated the Saxons and killed the Saxon king there viz. Alle through the treachery and deceit of a young man of his own people. »

(2) Les machines immenses dont Regner, selon Saxo, se sert ici sont les mêmes que celles que Abbo chante dans ses rhythmes sur le siége de Paris ; les deux auteurs les comparent à des animaux énormes. Voir Steenstrup, *Indledning*, p. 110-112; Pertz, *Scriptores*, II, 782-783 ; Richer, l. II, ch. x.

Ils se partagèrent le pays, et, après la mort de ses deux frères, Rurik semble gouverner en souverain et donner les provinces en fief.—Nestor à ce sujet s'exprime en ces termes (I, p. 21, trad. par Paris) : « Or, il y avait parmi les Varègues deux hommes, Oskold et Dir, qui n'étaient pas de sa famille, mais pourtant boyards. Sans sa permission, ils quittèrent leur père, et, suivis de quelques compagnons, ils pénétrèrent dans le pays et passèrent même par le Dniéper jusqu'à Fraragrad. Chemin faisant, ils découvrirent une ville située sur une montagne, ils demandèrent : « A qui est cette ville? » On leur répondit: « Elle appartenait autrefois à trois frères, Kii, Schtechek et Choriw, qui l'ont bâtie; mais ils sont morts, et actuellement, nous qui l'habitons, nous payons tribut aux Kazares. » Oskold et Dir, apprenant ceci, s'établirent dans cette ville, appelèrent à eux un grand nombre de Varègues et commencèrent à régner sur les Poloniens et leur pays. »

Nous voyons par là que deux chefs de l'armée de Rurik, mécontents de leur situation, s'aventurent en expédition vers le sud et fondent un royaume en Pologne avec Kijew pour capitale (1).

Or, ce pays est justement appelé la Scythie par les géographes du Nord (2), et il n'est pas moins vrai que les Grecs appelaient les guerriers de cette province des Scythes (3). Ainsi, les autres sources con-

(1) Bestushef-Rjumin, *Geschichte Ruszlands*, I, 74.

(2) N. M. Petersen, *Den gammel nordiske Geografi*, p. 271.

(3) *Acta Consiliorum*, édit. Harduin, vol. V, Parisiis, 1714 : Τὸ μιαιφονώτατον τῶν Σκυδῶν ἔδνος. Theophanes (éd. Bonn.), p. 196 :

firment les données de Saxo, d'après lesquelles les Scandinaves à cette époque ont conquis une province, « la Scythie », dans le Sud. Il semble donc bien sûr que le fils de Regner s'est trouvé dans la suite de Dir et d'Askold.

Nous savons encore que les Normands de Kiew ont fait une expédition contre Constantinople en 865. Suivant Nestor et d'autres historiens, Oskold et Dir allèrent avec une grande flotte, par le Dniéper, à Pontus Euxinus. Après avoir pillé toutes les côtes adjacentes, ils finirent par assiéger Constantinople. La ville fut en grand péril, mais grâce à un orage violent, leurs navires firent naufrage et durent se retirer sans succès. C'est à tort que Saxo nous raconte ces exploits comme ayant eu une issue absolument favorable ; il est cependant vrai que les Normands faisaient beaucoup de mal pendant leur navigation en allant et en retournant (1).

Vient enfin le récit de Saxo sur la mort de Hvitsœrk (p. 456-458). Il faut d'abord remarquer que Saxo appelle Hvitsœrk « Svetiœ principans », prince

ἔθνος δὲ οὗτοι Σκυθικὸν ἀνήμερόν τε καὶ ἄγροικον. Kunik, *Berufung*, II, 337, 339.

(1) Voir Nestor, I, p. 22. Pertz, *Scriptores*, VII, 18 : « Eo tempore Normannorum gentes cum 360 navibus Constantinopolitanam urbem adire ausi sunt. Verum quia nulla ratione inexpugnabilem ledere valebant urbem, suburbanum fortiter patrantes bellum quam plurimos ibi occidere non pepercerunt, et sic predicta gens cum triumpho ad propriam regessa est. » Cf. les notes de M. Kunik à Laspia de M. Dorn, dans les *Mém. de l'Académie impér. des Sciences de St-Pétersbourg*, 7ᵉ série, t. XXIII, p. 230.

de la Suède. C'est très-singulier. Nous venons de lire que la province des Scythes « Scytharum provincia » a été donnée à Hvitsœrk, pourquoi Saxo parle-t-il ici de son règne en Suède? Il a même, peu avant (p. 450), attribué la Suède à son frère Bjœrn. Il est enfin trop singulier qu'un roi de l'Hellespont vienne attaquer le roi de Suède. Ainsi la voie est toute prête pour une correction du texte, laquelle se présente du reste tout naturellement. Il faut lire sans doute au lieu de *Suetia, Scytia.*

Saxo nous raconte que le roi d'Hellespont avait essayé en vain de vaincre le roi de Scythie, Hvitsœrk. Il résolut de procéder par fraude. Après avoir conclu une paix fictive avec le roi, il se fit inviter à un régal chez lui. Il introduisit secrètement ses guerriers dans la ville ; déguisés en marchands, ils venaient en voiture pour faire leur commerce. Mais ils avaient des armes cachées, et, pendant la nuit, ils attaquèrent Hvitsœck dans son château. Il fut fait prisonnier et brûlé avec douze de ses chefs sur un grand bûcher.

Nestor nous dit (I, p. 29) : Oleg s'approche des montagnes de Kiew, et, apprenant qu'Oskold et Dir y règnent, il ordonne à quelques-uns de ses soldats de se cacher dans des barques et de le suivre ; il laisse le reste de son armée en arrière, et s'avance tenant dans ses bras le fils de Rurik, Igor, alors encore enfant. Il gagne les environs de la montagne d'Ugor, puis envoie à Oskold et Dir le message suivant : « Nous sommes des marchands qui venons au nom d'Oleg et d'Igor, fils de Rurik, nous nous rendons en Grèce ; venez et ne voyez en nous que des compatriotes. » Mais à peine Oskold et Dir sont-ils arrivés que les soldats russes sautent hors de leurs barques, et qu'Oleg dit aux deux frères: « Vous n'êtes point princes, ni même issus de princes; tenez, ajoute-t-il, en leur montrant Igor, fils de Rurik, voici votre maître. » A ces mots les gens d'Oleg frappent Oskold et Dir et les mettent à mort.

Nous voyons ici que Saxo encore une fois attribue l'histoire et le sort de Oskold et Dir au fils de Regner. Je n'ose pas identifier Hvitsœrk avec un de ces héros, mais il y a toute raison pour croire qu'il a fait partie de leur suite (1).

Ce qui nous semble le plus intéressant dans le récit de Saxo, c'est la confirmation qu'il nous donne de certains passages de Nestor. On sait comment on a cherché à combattre et à discréditer le récit de cet historien sur le gouvernement des Scandinaves en Russie, et avec quelle fureur on a attaqué l'idée que les Suédois seraient fondateurs du royaume russe. Par suite du manque de sources, il est impossible de prouver la vérité des détails du récit de Nestor, mais l'ensemble de son récit est certainement inattaquable. — Je viens de démontrer que Saxo, si l'on

(1) Les conquérants de la Russie étaient surtout Suédois. Il est certain cependant que les Danois faisaient des expéditions en Russie (voir *Anscharii vita Scr. R. D.*, I, 461, 478. Lodbrokarquida, v. 3, parle de Dyna minni), et il est très-probable qu'ils prenaient part aux expéditions indiquées. Nestor nous dit que beaucoup de Varjagues s'assemblaient autour de Askold et de Dir, et Thietmar dit de Kijew, la capitale de la Scythie, que ses habitants consistaient pour la plupart en « veloces Dani. » On voit de beaucoup de passages de Thietmar que les Dani sont les habitants de Danemark. Pertz, *Scriptores*, III, 871.

comprend et interprète bien son histoire sur la conquête de Kijew, affirme le même grand fait avec plusieurs des détails indiqués par Nestor. La Scandinavie, elle aussi, a conservé une tradition identique sur les colonies des Normands en Scythie et à Kijew, et sur leur plus ancienne histoire.

Il est temps de terminer ces études sur Regner, qui nous ont menés à l'Ouest, à l'Est et au Sud, et de fixer quelques-uns des résultats obtenus.

Nous croyons avoir prouvé que les traditions sur Regner Lodbrog contiennent beaucoup plus de vrais faits historiques qu'on ne l'a pensé jusqu'ici, et qu'une critique juste peut en tirer encore de nouveaux renseignements historiques, de même qu'elle peut expliquer quels sont les événements et les exploits qui ont fait naître ces traditions fabuleuses.

Nous croyons avoir démontré que l'illustre héros a vécu au milieu du IXe siècle, qu'il est mort vers 860 (1). Ce fut un célèbre Viking, mais la tradition

(1) Il n'est pas facile d'indiquer la place de Regner dans la famille royale de Danemark; cependant je vais proposer une hypothèse qui me semble assez probable.

Regner ne semble pas appartenir à cette branche de la famille royale qui régnait en Danemark. Ce n'est pas sans doute par un hasard que les fils de Regner sont tous en activité en 855, justement l'année qui suivit le grand combat en Danemark entre les prétendants du trône. Nous trouvons pendant l'été de 855 Sydroc et Berno en France, Halfdan, Ubbe et Ivar à Shepey. La chronique irlandaise dit que Regner fut expulsé de sa patrie un peu avant 859 et que les fils de Regner restèrent dans les Iles-Britanniques et pensaient attaquer les Saxons et les Francs avec leur armée. C'est une description exacte de la situation

a grandi sa gloire en rattachant à sa personne plusieurs des exploits et des conquêtes de ses fils. Les fils de Regner ont été des Vikings illustres auxquels les annales étrangères attribuent de grands exploits. De nombreuses victoires en France, en Angleterre et en Irlande glorifient leurs noms. Ils ont poussé les expéditions normandes le plus loin vers le Nord, car Ostangel et la Northumbrie ont été conquis par eux d'abord, ils ont aussi atteint les dernières limites au Sud, car c'est par eux, les premiers, que les peuples de la Méditerranée ont connu « la fureur des Normands. »

en 855. — Il y a encore des dates qui nous font penser à la Frisonie comme la patrie de la famille de Regner. Bero meurt en Frisonie ; il y a des Frisons dans l'armée d'Angleterre en 855; Simeon Dunelmensis nomme Ubbe dux Frisiarum. Suivant la chronique irlandaise Regner était fils de Halvdan, et il y avait en Frisonie un chef danois du nom de Halfdan. Ermoldus Nigellus nous dit qu'un dux Northmannorum Alfdeni se fit vassal de Charlemagne en 807 (Pertz, Scriptores, I, 263), et les annales nous disent qu'en 837, dux christianissimus ex stirpe Danorum Hemning, fils de Halvdan, fut tué par les Normands à Walcheren (Pertz, I, 361, II, 604). Les deux princes étaient donc probablement père et fils.

# V.

## ROLLON, PRINCE DANOIS, PREMIER DUC DE NORMANDIE.

Sommaire : La tradition des Sagas islandais et la tradition en Normandie sur l'origine de Rollon. Elles sont inconciliables et il faut choisir l'une ou l'autre. La valeur intrinsèque des différentes sources. Les époques dans l'histoire de Gangerrolf ne concordent pas avec les époques dans l'histoire de Rollon. Le surnom « le marcheur » inconnu en Normandie. La description de la personne de Rolf diffère de celle de Rollon. Les parents de Rolf et de Rollon ne sont pas identiques. La tradition des Sagas date d'une méprise de Normands, les Vikings, et de Normands, les Norwégiens. Le récit de Dudon est très-vraisemblable.

*Rollon*, le conquérant de la Neustrie, le premier *duc* de Normandie — de quel pays est-il venu en France et quelle était son origine ? Les sources historiques se divisent en deux parties avec deux traditions différentes qui forment les contrastes les plus caractérisés. L'une de ces traditions nous est conservée par les Sagas islandais, l'autre par les historiens de la Normandie. D'abord nous analyserons ce que ces sources nous apprennent sur l'histoire de Rollon, avant son arrivée en Normandie ; — ensuite, nous examinerons et apprécierons les traditions.

Snorre Sturlasœn raconte dans Heimskringla (1) que Ragnvald, Jarl de Mœre, avait un fils Rolf — surnommé le marcheur (Gangerrolf), à cause de sa haute stature ou de son embonpoint, qui le forçait à aller toujours à pied, les chevaux ne pouvant pas le porter. Le roi Harald avait défendu toute piraterie sur les côtes de Norwége. Rolf, brave et féroce Viking, au retour d'une expédition à la Baltique, enfreint cette défense. Le roi se fâche et le bannit du pays, et Rolf s'enfuit aux îles de Suderœr et plus tard à Vallande où il fonda le duché qui prit le nom de Normandie.

Dudon, au contraire, — et après lui Guillaume de Jumiéges, Wace et Benoît — font le récit suivant: Il y avait en Dacie un prince riche et puissant, qui possédait une grande partie du royaume danois, mais il ne portait pas le titre de roi. Ses deux fils, Rollon et Gurim, héritèrent de sa puissance à sa mort. C'était la coutume en Danemark, quand les fruits du pays ne suffisaient pas à nourrir la grande population, d'expulser les jeunes gens adultes pour qu'ils pussent acquérir des terres et s'amasser des richesses à l'étranger ; le roi de Danemark venait précisément de donner cet ordre. Les jeunes gens expulsés cherchaient asile chez Rollon et Gurim, qui les renvoyèrent chez eux, en leur promettant de les protéger si le roi les inquiétait. Aussitôt que le roi apprit que le père de Rollon était mort il pensa à

(1) Saga de Harald Haarfager, ch. XXIV.

s'emparer de son pays. La guerre commença, l'armée des frères entra dans le royaume et remporta des victoires ; l'armée royale s'enfuit. La guerre continua encore 5 ans ; enfin la paix fut conclue. Mais le roi rusé comptait sur la trahison. Profitant de la nuit il entra secrètement dans la ville des frères avec son armée. Après un combat sanglant, dans lequel Gurim succomba, Rollon fut obligé de s'enfuir avec ses troupes et de se retirer à « Scanza insula. » Rollon y resta quelque temps. Une fois il entendit en songe une voix du ciel qui lui ordonnait de passer en Angleterre. Il obéit, et à peine avait-il débarqué dans ce pays qu'un terrible combat s'engagea avec les peuples de ces côtes, qui pourtant furent vaincus grâce à sa bravoure. Ne sachant où se rendre, une nouvelle vision lui prédit qu'il serait baptisé en France et y prendrait le titre de duc. Pendant ce temps le roi chrétien Alstemus régnait en Angleterre. Rollon lui demanda la permission d'hiverner dans son pays ; il avait l'intention d'aller en France au printemps suivant. Le roi Alstemus le lui permit, et au printemps Rollon partit pour Walcheren avec une flotte bien armée. Il défit les Frisons dans plusieurs batailles, plus tard il arriva jusqu'à la Seine et après plusieurs rencontres où il fut victorieux devint maître de la Normandie.

Plusieurs savants ont prouvé à l'évidence que ce roi Alstemus que Rollon trouve en Angleterre est le roi danois Gudrum, baptisé Adelstan (1). Nous con-

(1) Lair, dans les *Mém. de la Société des Antiquaires*, XXIII,

naissons par d'autres sources les chefs que Rollon a vaincus en Frislande, et il est possible de reconnaître les mouvements de l'armée ainsi que Dudon nous les présente dans les annales franques. Aussi la question à résoudre est-elle celle-ci ; peut-on ajouter foi au récit de Dudon relatif au temps qui précède l'arrivée de Rollon en Angleterre ?

De ces deux traditions que nous venons de citer, laquelle est la vraie? Une conciliation entre elles est évidemment impossible.

La plupart des auteurs qui ont traité cette question rejettent le récit de Dudon et s'en rapportent aux Sagas. Depping et Licquet, Thorpe et Maurer s'accordent tous en ce point que le récit des auteurs normands est une fable qui doit être rejetée pour les renseignements solides des Sagas. Munch et presque tous les auteurs norwégiens adoptent l'origine norwégienne de Rollon. Lappenberg se demande si le récit des Sagas ne serait pas une invention des Scaldes (poètes) qui, sous le patronage de Snorre, a pris une apparence historique. Lair incline en faveur de Dudon, mais ne veut pas se prononcer. Worsaae a décidément plus foi dans le récit de Dudon; mais il pense « que l'origine de Rollon sera toujours un problème difficile à résoudre (1). »

52-53. Lappenberg, *Geschichte von England*, I, 327 ; II, 373. Suhm, dans *Scriptores Rerum Danicarum*, V, 68.

(1) Depping, *Excursions maritimes*, 2e éd., p. 264. — Licquet, *Histoire de Normandie*, I, 46. — Thorpe, *Anglo-Saxon Chronicle*, I, *Pref.* XI. — Maurer, *Bekehrung*, I, 58. — Munch, *Norske Folks Historie*, I, 1, 654. — Sars, *Udsigt over denvnorske*

En réalité, nous trouvons-nous ici en face d'un de ces faits sur lesquels l'histoire nous cache pour toujours la vérité ? N'est-il pas plutôt temps de soumettre ces deux traditions à une critique sévère, afin d'en faire jaillir la vérité ?

En réalité, la question est d'une grande importance. Il faut savoir si c'est en Danemark ou en Norwége que nous devons chercher les relations extérieures et intérieures de la Normandie avec son pays suzerain. Il est encore très-important de savoir si Dudon est un auteur digne de foi ou un raconteur de fables, et si nous pouvons adopter son livre sur Rollon comme source pour l'histoire de Danemark dans cette période.

Dans les recherches qui suivent, je tâcherai d'expliquer les considérations et les arguments qui, selon moi, ne permettent pas de mettre en doute le récit de Dudon et me font rejeter celui des Sagas, véridique pourtant, excepté en ce point que Gangerrolf serait le même que ce Rollon, le conquérant de la Normandie.

I. Mes premières recherches auront pour but d'examiner la valeur intrinsèque des sources.

Le texte le plus ancien qui nous soit conservé et qui nous parle de Gangerrolf et de sa fuite de Norwége date du commencement du XIIIe siècle ou trois cents ans environ après l'événement.

*Historie*, I, 78, 83; 90, 93. — Lappenberg, *Geschichte von England,* II, 7. — *Mém. de la Société des Antiq. de Norm*, XXIII, 51.

Snorre a appuyé son récit dans Heimskringla sur Fagrskinna, écrit vers 1220, et probablement sur un Jarlasaga ou Orkneyingasaga actuellement perdu, écrit vers 1200 (1). Pour son récit sur Rollon, il a en outre profité de quelques poésies, qui pourtant ne disent rien de son duché normand. Dans le Landnamabok (IV, 8), on trouve aussi un récit sur ce Rolf conquérant la Normandie. Le Landnamabok fut commencé par Are Frode (après 1120) et continué dans les deux siècles suivants; on ne peut à présent distinguer la source primitive de ses suppléments, et nous ne pouvons pas regarder ce document comme plus ancien que les Sagas déjà cités; en tout cas, il ne nous mènerait pas plus loin que 1120. — Enfin, nous avons un récit dans la *Historia Norwegiæ*. La date de cet ouvrage a été très-discutée parmi les savants, quelques-uns le plaçant à la fin du XII<sup>e</sup> siècle et d'autres à la fin du XIII<sup>e</sup> siècle. Le récit sur Rollon n'est pas heureux; l'auteur a lu sans doute des sources étrangères, mais il les a oubliées ou mal comprises; il dit, par exemple, que Rollon fut assassiné par son gendre en Hollande, tandis que la vérité est qu'il mourut de vieillesse dans son lit, et il fait épouser à Rollon « la femme de l'ancien comte », au lieu de la fille du comte Bérenger. La chronique a combiné avec la tradition norwégienne quelques récits des sources étrangères inexactement interprétées.

D'autre part la tradition norwégienne suivant tous les Sagas ne nous rapporte qu'un fait, c'est que

(1 Voir Gustav Storm, *Snorre Sturlassœns Historieskrivning*, 44, 63, cf. 119.

Gangerrolf, le héros bien connu, fils de Rognvald Jarl, conquit la Normandie. Nous n'y trouvons aucun détail sur la manière dont il se prépara pour cette grande entreprise et dont il rassembla ses troupes, elle ne nous raconte aucune de ses aventures avant que la Neustrie lui fût cédée (1), elle ne dit pas comment il y établit sa puissance. La tradition norwégienne se réduit à ceci : Gangerrolf est le conquérant de la Normandie (2).

La tradition normande se trouve déjà dans l'ouvrage de Dudon sur les premiers ducs de Normandie. Il n'y a pas longtemps encore, cet historien ne jouissait

(1) A moins qu'on ne veuille s'appuyer sur le récit suivant, dans *Historia Norwegiæ*, qui nous semble justement avoir la même valeur que les parties de cette chronique citées plus haut: « Istas itaque nationes in diebus Haraldi comati Regis videl. Norwegie quidam pirate, prosapia robustissimi principis Rognwaldi progressi cum magna classe Solundicum Mare transfretantes de diuturnis sedibus exutas ex toto deleuerunt ac insulas sibi subdiderunt, ubi securius hiemalibus sedibus muniti estivo tempore tum in Anglos, tum in Scotos quandoque in Hibernios suam exercentes tyrannidem iverunt, ut de Anglia Northimbriam, de Scocia Kathanasiam, de Hybernia Difflinniam ceterasque maritimas urbes suo imperio subjugarent. De quorum collegio quidam Rodulfus a sociis Gongurolfer cognominatus, etc. »

(2) On y ajoute d'ordinaire une liste des premiers ducs de Normandie jusqu'à Guillaume le Bâtard. Tous les Sagas, savoir : Heimskringla, Saga de Harald Haarfager, ch. XXIV; Flateyjarbok, II, 30; Fagrskinna, ch. CCX; Morkinskinna, ch. CXXII, font la même erreur en donnant à Robert (le Diable) le surnom de Longue Épée, qui appartient à Guillaume, fils de Rollon. Seulement Heimskringla, Saga d'Olav le Saint, ch. XIX, est dans le vrai.

que d'un crédit très-médiocre ; mais il a obtenu réparation d'honneur auprès de la critique moderne. Lappenberg, Kœrting et surtout Lair, dans son ouvrage si profond et si perspicace sur l'histoire de Dudon, nous démontrent que beaucoup des erreurs ou des méprises dont on accuse son œuvre ne s'y trouvent pas, quand on comprend bien son texte et quand on corrige les passages faux (1) ; de plus, de nouvelles découvertes viennent confirmer ses récits (2). Nous nous rangeons décidément à l'opinion de ces savants ; il serait trop long de prouver ici que même plusieurs autres points qu'on a attaqués chez Dudon sont exacts et compréhensibles ; nous renvoyons le lecteur à d'autres parties de ces recherches (3).

(1) Lappenberg, *Geschichte von England*, I, 327 ; II, 373. — Kœrting : « Uber die Quellen des Roman de Rou. » Lair, dans *Mém. de la Société des Antiquaires*, vol. XXIII.

(2) *Bibliothèque de l'École des Chartes*, vol. XXXI.

(3) Waitz qui, dans *Scriptores Rerum Germ.*, IV, 93, comptait l'ouvrage de Dudon : « Inter pretiosiora hujus ævi monumenta », en parle beaucoup moins favorablement dans un article sur les sources de l'ancienne histoire de la Normandie, dans « Nachrichten von der kœniglichen Gesellschaft der Wissenschaften zu Gœttingen, 1866. » Il démontre que toutes les sources postérieures — Guillaume de Jumiéges, Wace, Orderic, Benoît — ont puisé dans Dudon et qu'il n'y a que deux ou trois sources indépendantes. Comme Dudon n'est pas trop solide par lui-même, les historiens postérieurs sont exposés aux mêmes erreurs que lui. Cette unanimité ne nous semble pas aussi fatale que le croit M. Waitz, attendu que les sources ne répètent pas mot à mot le récit de Dudon, mais diffèrent quelquefois et augmentent souvent son exposé par de nouveaux faits. Aussi les sources que M. Waitz juge indépendantes ne contredisent-elles pas Dudon : la « continuatio gestorum abbatum Fontanellensium »

Comme Dudon écrivit son ouvrage à la prière du duc Richard Ier, petit-fils de Rollon : il s'appuya surtout sur les renseignements que lui procurait Raoul, comte d'Ivry, beau-frère du duc, qu'il nomme même « hujus operis relator. » Il a ainsi écrit conformément aux traditions de la famille ducale, d'après des rapporteurs Normands.

Que doit-on croire ? La tradition normande ou les Sagas du Nord, écrits 200 ou 300 ans après la conquête ?

Il faut avouer que nombre de fables et de méprises peuvent surgir pendant un espace de temps aussi long. Le nom de Rolf et même celui de Gangerrolf était si commun que des personnes de fortune presque identique peuvent être facilement confondues. Le Laxdœla-Saga (ch. XXXII) a déjà commis une pareille erreur en présentant Gangerrolf comme fils d'Œxnethore.

On pourrait dire d'un autre côté que Dudon a inventé cette histoire pour présenter les aïeuls de Rollon sous

(Bouquet, *Historiens de la France*, IX, 3-5), qui nous raconte le partage au sort des terres par Rollon entre ses compagnons, ne dit pas autre chose que Dudon (voir p. 182, 91 D. : *Terra quam sorte dedi vobis*, et plus bas dans ces recherches). Aussi M. Waitz a tort dans plusieurs de ses suppositions ; il doute que Rollon ait reçu le nom de Robert à son baptême, parce que Frodoart n'en dit rien. Cependant, il n'y a pas de doute que Richard Ier, en faisant baptiser son fils du nom de Robert, quarante ans après la mort de Rollon, n'ait voulu lui donner le nom de son grand-père ; aussi le même duc, dans une charte de 968, parle de « avus meus Robertus. » La fausse tradition serait donc née bien vite après la mort du premier duc. — Voir, du reste, mon *Indledning*, p. 29-44.

le jour le plus brillant possible, et cependant Dudon ne l'a pas fait. Si Ragnvald était le père de Rollon et si son biographe voulait le flatter, n'aurait-il pas suffi de dire que son père était un prince indépendant qui s'était soumis au roi de Norwége et que le fils, ne voulant pas se soumettre, s'était enfui? Ne serait-il pas beaucoup plus rationnel de le glorifier de ce fait vrai que le frère de Rollon avait épousé la fille du roi de Norwége (1)? — Et encore, si Dudon était coupable de ces mensonges, comment les historiens suivants pouvaient-ils les répéter sans dire un seul mot de l'autre tradition, qui existait en Normandie?

II. — Il s'ensuit de ce que nous venons de démontrer qu'on ne peut point rejeter *a priori* le récit de Dudon sans examiner à fond ses données. Il y a même dans sa narration de l'arrivée de Rollon en Angleterre et en France des dates qui sont conformes avec de solides annales anglaises et françaises. — Voyons si les Sagas norwégiens concordent avec cette partie du récit de Dudon ou si nous rencontrons des difficultés chronologiques.

Il faut calculer, d'après les Sagas, le temps où Rolf fut expulsé de la Norwége, — et il faut déterminer, indépendamment de ces relations du Nord, en se servant seulement des annales de l'étranger, l'époque où arriva Rollon en Angleterre et en France. Si ces deux dates ne sont pas d'accord, il est évident que nous avons affaire à deux personnages différents.

(1) Snorre, *Saga de Harald Haarfager*, ch. XXX.

Cette conclusion apparaîtra avec évidence si l'on veut étudier à part et les sources du Nord et les sources de la Normandie. On peut d'ailleurs en juger par ce qui déjà a été fait.

L'Islandais si savant et si perspicace, M. Gudbrand Vigfusson, dans son ouvrage sur les dates dans les Sagas islandais (1), a totalement mis à l'écart les narrations de la Normandie ; et, d'un autre côté, M. Jules Lair, dans son ouvrage sur Dudon, par sa critique scrupuleuse des sources du Sud, a désigné les époques de l'histoire de Rollon, sans se préoccuper des détails des Sagas. M. Vigfusson trouve que Rollon ne peut avoir commencé ses expéditions avant 890 et qu'il n'est arrivé en France que vers 912, et que ce que les annales franques racontent de lui pour un temps antérieur n'est que pure invention. Suivant les recherches de M. Lair, Rollon s'est trouvé en Angleterre peu de temps après 880 ; puis il a fait des expéditions successives en Angleterre et en France jusqu'à ce qu'il fût baptisé et que le duché lui fût cédé en 912. Il en résulte donc que Gangerrolf et Rollon ne peuvent être identiques.

Mais j'examinerai moi-même les détails de ces recherches.

Je commence par les Sagas et je fais, dès le début, la remarque que l'argumentation, ici comme partout où il s'agit de déterminer les temps dans les Sagas, ne repose pas sur des données solides ; elle ne cherche qu'à trouver le plus probable. — Ragnwald Jarl, père de Gangerrolf, fut brûlé dans sa maison par les fils

(1) Safn til Sœgu Islands, I, 273-76.

du roi Harald Haarfager, qui n'étaient pas adultes avant 890 (1). Ragnwald avait trois fils naturels : Ejnar, Hallad et Rollaug ; en outre, trois fils légitimes : Thorer Jarl le Silencieux, Ivar et Rollon. Il y avait une grande différence d'âge entre ces deux descendances, car les fils naturels étaient adultes quand les autres étaient encore enfants ; il y a donc eu entre les deux au moins un intervalle de dix ans. Heimskringla raconte qu'Ivar mourut pendant l'expédition de Harald aux Orkneys ; les autres Sagas (2) disent qu'il fut tué à la bataille de Hafrsfjord en 873, mais le récit de Heimskringla semble le plus probable, car les îles d'Orkneys' furent données à Rognvald comme compensation de la mort des fils. Cette expédition de Harald aux Orkneys' ne peut pas avoir eu lieu avant environ 880, car le roi a dû consolider sa domination en Norwége avant de s'y rendre, et, d'ailleurs, les Sagas nous disent que Harald avait eu des escarmouches avec les Vikings pendant plusieurs années avant d'entreprendre la grande expédition.

Il en résulte que Rolf peut avoir été adulte vers 880, mais à cette époque Rollon ne semblait guère avoir été expulsé de la Norwége, comme nous allons le prouver. Ragnvald avait chargé son frère Sigurd de gouverner les îles d'Orkneys', mais celui-ci fut assassiné, et Ragnvald y envoya son fils naturel Ejnar ; suivant les Sagas, Rollon était alors en expédition maritime. Il y a aussi d'autres circonstances qui

(1) Munch, *Norske Folks Historie*, I, 1, 514.

(2) Flateyjarbok, I, 575. Vatnsdæla, ch. IX.

rendent probable que Rolf ne fut exilé que beaucoup plus tard. Quand Ragnvald le père eut été assassiné (c. 890), Ejnar se vengea des meurtriers et composa une chanson dans laquelle il reproche à Rolf et aux autres frères de ne pas l'avoir assisté dans sa vengeance. Le reproche serait trop singulier si Rolf était exilé et loin de sa patrie. La mère de Rolf fit d'actives démarches pour demander sa grâce au roi quand il l'expulse; les Sagas ne parlent pas de Ragnvald, qui était déjà mort sans doute. — Toutes ces circonstances semblent fixer l'époque de l'exil de Rolf vers l'année 900.

Puis Rolf resta quelque temps en Écosse, où nous trouvons plus tard sa fille, et, ensuite il alla à Vallande (en France).

Nous passons aux sources anglaises et françaises. Il sera plus facile, pour démontrer l'époque où Rollon est arrivé en Angleterre, de fixer le temps de ses pillages en Flandre et en France. Dudon raconte que Rollon, avec son armée et sa flotte, passa d'Angleterre en Flandre et établit son quartier à l'abbaye de Condé-sur-l'Escaut. Les annales anglaises et françaises nous disent qu'en 880, une armée normande passa d'Angleterre en Flandre, et nous la trouvons cantonnée justement à l'abbaye de Condé pendant les années suivantes jusqu'en 883 (1).

(1) *Anglo-Saxon Chronicle,* 880 : « The army, which previously had sat down at Fulham, went over sea to Ghent in France, and sate there one year, 881, 882, 883: This year the army went up the Scheld to Condé and sate there one year. Annales Vedastini, 882: Nortmanni mense octobrio in Condato

Les récits des annales sur les événements suivants confirment aussi que nous avons trouvé l'époque exacte.

Des troupes s'assemblent en Flandre pour aller assiéger Paris, elles se dirigent vers la Seine et campent à Rouen en 885 (1). Dudon raconte précisément cette marche vers la Seine; mais la date qu'il donne de l'arrivée de la flotte dans ce fleuve, 876, n'est pas exacte et dérive sans doute d'une fausse lecture de 886. — De ces indications, il résulte que le séjour de Rollon en Angleterre a eu lieu en l'hiver 879-880, et voici justement ce que la chronique Anglo-Saxonne confirme en disant qu'en 879 une nouvelle flotte de Vikings arriva à Fulham sur la Thamise, et que, l'année suivante, elle passa en Flandre.— Gudrum-Adelstan, appelé par Dudon « rex christianissimus, » ne fut baptisé que vers 878 (2).

Nous ne connaissons pas l'année exacte de la naissance de Rollon, mais selon Dudon, il était très-décrépit et très-affaibli à sa mort, il a sans doute atteint près de 80 ans. La Chronique de Tours, *Chronicon Turonense* (3), qui n'est pourtant pas

sibi sedem firmant, 883 : Verno tempore a Condato egressi maritima petivere loca; ibique æstivo remorato tempore Flamingos e terra sua fugere compulere » Pertz, II, 199-200.

(1) *Anglo-Saxon Chron.*, 886 : « This year the army, which before had drawn eastward, went westward again, and thence up the Seine. Annales Vedastini, 885 : Mense Julio... Rotomagum civitatem ingressi cum omni exercitu. »

(2) *Monumenta Historica Britannica*, I, 482, 740. — Cf., du reste, Lair, *l. c.*, p. 51 et suiv.

(3) Bouquet, *Historiens de la France*, IX, 951 : « Obiit Rollo,

une source solide, est d'accord avec lui sur ce point, quand elle le dit âgé de 86 ans à sa mort; il était donc né vers 845.

Ainsi les chroniques et les Sagas ont prouvé un alibi double et réciproque, les annales du Sud pour le conquérant des Sagas, et les Sagas du Nord pour le héros de la tradition normande. Les deux Rollon ne sont donc pas identiques.

Je vais enfin toucher un point de l'argumentation de M. Vigfusson. Cet auteur suppose que Rollon est exilé vers 870 et qu'il a séjourné pendant une vingtaine d'années dans les Sudereys et en Écosse; il ne serait pas arrivé en Normandie avant 912. Cependant ce résultat est impossible, même si nous faisons abstraction du récit de Dudon. Rollon à qui Charles le Simple cède une province, ne peut pas être un prince nouveau-venu, il doit avoir pillé les contrées franques depuis longtemps. Les Vikings doivent l'avoir connu longtemps avant de le choisir pour chef. D'ailleurs nous savons que Rollon avait eu de la fille d'un comte de Bayeux un fils auquel il laissait son royaume dès l'année 927; en supposant que le fils eût 20 ans à cette époque, Rollon est venu en France *au plus* tard en 906.

III. Ma troisième recherche est relative aux noms de ces deux personnages. Dans les Sagas du Nord, le surnom Ganger est inséparable de celui du héros. Les sources du Sud ignorent complètement que le

qui et Robertus, dux Normanniæ anno ducatus XII, apud Rotomagum et anno adventus sui LXIV et vitæ LXXXVI. »

Les récits des annales sur les événemer
confirment aussi que nous avons tro
exacte.

Des troupes s'assemblent en Fla
assiéger Paris, elles se dirigent
campent à Rouen en 885 (1). D
cisément cette marche vers la
qu'il donne de l'arrivée de la
876, n'est pas exacte et d ... un
fausse lecture de 886. — De
que le séjour de Rollon e
l'hiver 879-880, et voici j ... es du Sud nous
Anglo-Saxonne confirm ... Rollon. Les Sagas
nouvelle flotte de Vi ... homme de très-haute
Thamise, et que, ... point (1). Puisqu'on sait
Flandre.— Gudrum ... de nos ancêtres attiraient
christianissimus, ... du Sud, de sorte qu'on en

Nous ne conn ... ques dans beaucoup d'annales et
sance de Roll ... ), il est évident qu'une figure comme
décrépit et t
atteint prè
*Chronicon*

sibi sed
ritima
e ter
(
be

... ession « mikil vexti » peut s'adresser seulement à
... aille de Rolf; mais comme les sagas ajoutent: « au
... les chevaux ne pouvaient pas le porter », il y a toute
... bilité qu'il était obèse.

... Dudo, 276: « Gens robustissima Danorum » Muratori, *Scrip.*
... IV. 362: « Viri et statura proceri et specie pulchri et ar-
... rum experientia summi. » Pertz, *Scriptores*, I, 399 (884): « In
... certamine tales viri de Nordmannis cecidisse referuntur
... ales nunquam antea in gente Francorum visi fuissent, in
... lchritudine videlicet ac proceritate corporis. 596 (887):
« Omnes pene robusti bellatores. » Cf. Frœhn, *Ibn Foszlan*, 5:
« Nie sah ich Leute von ausgewachsenerm Kœrperbau; sie
sind hoch wie Palmbœume, fleischfarben und roth. 186: Ein
Volk von hochgewachsenen, streitbaren Mœnnern. »

vait éveillé l'attention des
as échapper aux yeux
vori de la tradition
es de souvenirs
sible qu'un
que, fût
s à cet
omme du
par les auteurs
beau cors n'a che-
adition norwégienne,
d, n'a jamais pénétré en
ue l'observe M. Worsaae, la
Rouen, qui date du XIIIe ou
présente pas comme un homme

Sagas, Rolland est dépeint comme si
si obèse qu'il ne pouvait pas monter à che-
il était obligé d'aller toujours à pied. Il est certain que ceci ne se rapporte pas avec ce que nous savons du conquérant de la Normandie. Benoît dit expressément de Rollon et de son frère :

(v. 477) E li dui frere ordenent
E establissent e asenent,
Puis chevauchent cum genz hardie
En la terre que ert plus garnie
E que le rei ert plus demeine.

(1) Dudo, 141, 166 : « Corpore pulcherrimus. »
(2) Worsaae, *Erobring af England ag Normandie*, p. 173.

conquérant de la Normandie ait eu ce surnom, chose très-remarquable, car, parmi les Normands du Sud, les surnoms et les sobriquets étaient presque aussi fréquents que chez les peuples du Nord. Pourquoi la tradition normande n'a-t-elle jamais entendu parler de ce surnom de son héros favori ? Comment Guillaume de Jumiéges, qui nous donne plusieurs traditions scandinaves et qui connaît « Lodbroc » et Bjœrn, « côte de fer », peut-il avoir passé sous silence un fait aussi intéressant ?

IV. Les Sagas du Nord et les sources du Sud nous donnent une idée de la personne de Rollon. Les Sagas racontent que Rollon était un homme de très-haute taille et d'un grand embonpoint (1). Puisqu'on sait que les corps musculeux de nos ancêtres attiraient l'attention des peuples du Sud, de sorte qu'on en trouve des remarques dans beaucoup d'annales et de chroniques (2), il est évident qu'une figure comme

(1) L'expression « mikil vexti » peut s'adresser seulement à la haute taille de Rolf; mais comme les sagas ajoutent : « au point que les chevaux ne pouvaient pas le porter », il y a toute probabilité qu'il était obèse.

(2) Dudo, 276 : « Gens robustissima Danorum » Muratori, *Scriptores*, IV. 362 : « Viri et statura proceri et specie pulchri et armorum experientia summi. » Pertz, *Scriptores*, I, 399 (884) : « In quo certamine tales viri de Nordmannis cecidisse referuntur quales nunquam antea in gente Francorum visi fuissent, in pulchritudine videlicet ac proceritate corporis. 596 (887) : « Omnes pene robusti bellatores. » Cf. Frœhn, *Ibn Foszlan*, 5 : « Nie sah ich Leute von ausgewachsenerm Kœrperbau ; sie sind hoch wie Palmbœume, fleischfarben und roth. 186 : Ein Volk von hochgewachsenen, streitbaren Mœnnern. »

celle de Gangerrolf, qui avait éveillé l'attention des peuples du Nord, ne devait pas échapper aux yeux des Francs. Rollon était le héros favori de la tradition normande, qui a conservé toutes sortes de souvenirs de sa vie et de ses exploits ; — est-il possible qu'un tel détail, aussi personnel et aussi caractéristique, fût oublié ? Néanmoins, les sources sont muettes à cet égard. Dudon l'appelle le plus bel homme du monde (1), et son récit est confirmé par les auteurs des romans (Benoît, v. 6165, plus beau cors n'a chevalier). — Cette partie de la tradition norwégienne, qu'il était extrêmement grand, n'a jamais pénétré en Normandie ; car, ainsi que l'observe M. Worsaae, la statue de Rollon, à Rouen, qui date du XIII$^e$ ou XIV$^e$ siècle, ne le présente pas comme un homme gros et grand (2).

Dans les Sagas, Rolland est dépeint comme si grand et si obèse qu'il ne pouvait pas monter à cheval; il était obligé d'aller toujours à pied. Il est certain que ceci ne se rapporte pas avec ce que nous savons du conquérant de la Normandie. Benoît dit expressément de Rollon et de son frère :

(v. 477) E li dui frere ordenent
E establissent e asenent,
Puis chevauchent cum genz hardie
En la terre que ert plus garnie
E que le rei ert plus demeine.

(1) Dudo, 141, 166 : « Corpore pulcherrimus. »
(2) Worsaae, *Erobring af England ag Normandie*, p. 173.

Et de Rollon :

(v. 757) Et il meismes senz délai
Saut tut armez el cheval bai...
(v. 1871) Joius fu Rou del mandement;
De ces compaignons a pris cent,
Gent aturnez sun lor usage
Od le conduit de lur message.
Chevalcherent dreit vers le rei
Qui contre eus vint od gent conrei...
(v. 2417) (Rou) hurte de sei et de cheval
Ès major presses livre estal...
(v. 3856) E Rou tint nu le brant d'acer
Enteint de sanc glacié de cors,
Sur un cheval sist qui fu sors.

Dudon suppose que Rollon a toujours été capable de monter à cheval ; il rapporte que dans sa vieillesse Rollon était si épuisé qu'il ne pouvait plus monter à cheval (1). Il serait complètement absurde de supposer que le surnom norwégien date de cette époque de sa vie (2).

V. Les Sagas et les sources françaises nous donnent

(1) Dudon, 174 (86) : « Postea, uno lustro vivens, ætatis suæ defectu, effetoque viribus corpore, equitare non valens regnumque pacificatum solidum et quietum tenens..... plenus dierum migravit ad Christum. »

(2) Il serait également absurde de penser à la différence de force des chevaux norwégiens et français. Les Sagas nous racontent très-souvent que des Vikings hauts et lourds sont à cheval ; les chevaux de Sigurd, duc d'Orcades, portaient même deux guerriers revêtus de leur armure. Munch, *Norske Folks Historie*, I, 507.

les noms de quelques parents de Rolf et de Rollon. Examinons si ces parents sont identiques.

Plusieurs Sagas racontent que Gangerrolf avait, en Écosse, une fille, Kadlin, qui épousa le roi d'Irlande, Bjolan (1). Ce prince est sans doute Beollan Littill, tué à Limerick en 969 (2); au moins, son surnom scandinave (Le Petit) rend cette supposition vraisemblable, et les annales d'Irlande du Xe siècle ne parlent pas d'un autre Beollan. — La tradition normande ne parle pas d'une enfant de Rollon née avant son arrivée en France; et elle ne connaît pas de parenté entre les princes normands et les dynasties irlandaises. — D'autre part, la tradition du Sud sait que Rollon avait un frère Gurim, mort avant sa fuite de la patrie, sur quoi les Sagas gardent le silence. Guillaume de Jumiéges connaît un certain *Hulc*, oncle de Rollon, qui prend part à la conquête de la Normandie, où sa famille fut encore longtemps florissante. Les Sagas ne connaissent pas cet oncle de Rollon; ils ne nomment que le frère de Ragnvald, Sigurd, qni gouverne les Orcades.

Une chronique nous dit même le nom du père de Rollon, Ketil (3), mais cette source n'est pas solide, et je ne veux pas m'en prévaloir. Il est cependant assez singulier que parmi toutes ces sources solides ou non solides qui parlent de Rollon, nous n'en

(1) Olafs saga Tryggvasonar dans *Flateyjarbok*, I, 308. *Laxdælasaga*, ch. XXXII. *Landnamabok*, II, ch. XI.

(2) The war of the gaedhil. 85 (969). Chronicon Scotorum et Four Masters. 967.

(3) Richer, I, 27 (*Catillus*). Pertz, *Scriptores*, III, 578.

trouvons pas une seule qui reproduise la tradition norwégienne (1).

VI. Nous pouvons prouver que la tradition norwégienne se lie d'une manière si intime à quelques noms que la façon dont cette tradition s'est produite est évidente au premier abord. On pourrait même dire comment elle devait naître.

Ainsi que nous l'avons dit, la tradition du Nord est extrêmement simple et pauvre; les Sagas nous apprennent seulement que « Gangerrolf passa la mer vers l'Ouest et vint à Suderœ; puis il alla à Vallande qu'il pilla et où il fonda un grand duché, qu'il peupla de « Nordmænd » (Di. Norwégiens), c'est pourquoi le pays prit plus tard le nom de Normandie. » Presque tous les Sagas renferment cette dernière phrase; on y trouve le mot de l'énigme.

J'ai déjà dit plus haut que le changement des dénominations que les pays et les peuples ont subi dans la suite des temps a été très-nuisible à la science historique. La tradition populaire s'occupe beaucoup de l'étymologie; une ressemblance de nom lui suffit pour en faire une combinaison historique. Au moyen-âge combien de fois n'a-t-on pas confondu Dani avec

(1) Lib. VII, ch. III : « Rogerius Toenites de stirpe mala Hulcii, qui Rollonis Ducis patruus fuerat, et cum eo Francos atterens Normanniam fortiter adquisierat, vir potens et superbus ac totius Normanniæ signifer erat. » L'édition de Duchesne dit : « De stirpe Malahulcii » ; mais c'est corrigé dans l'édition de Bouquet, *Historiens de la France*, XI, 38 : « Male in edito, Malahulcii; in Chronicis enim S. Dionysii legitur: de mauvaise racine.

Danai? Ou Sueones avec Svevi? Ou Roxolani avec les Russes, etc? Dans la tradition qui prétend que les habitants de la Suisse et surtout de la vallée de Hasli descendaient des Suédois, il semble qu'on ait confondu la Suisse (Suedia et Suecia) avec la Suède (Svecia), et également Gothi avec les Gœthi (1). — Pendant l'époque normande les peuples du Sud ne connaissaient guère les pays du Nord et ne savaient pas faire de distinction entre les différentes races; «Normanni» était la dénomination des peuples du Nord et surtout du peuple Danois. Après les conquêtes normandes les connaissances géographiques et historiques sur les pays s'accrurent, et aux X$^{e}$ et XI$^{e}$ siècles, les peuples du Sud avaient découvert que les noms des trois nations du Nord étaient « Dani, Northmanni et Sueones.» Or, le nom de « Northmanni » était passé aux habitants danois de la Normandie.

Il y avait donc deux nations portant le nom « Northmanni », les Norwégiens et les habitants de la Normandie, et ceux-ci, comme on le savait, étaient descendants d'un peuple du Nord. On peut soutenir, je crois, que de ces faits, cette tradition dut naître : que des Norwégiens, ainsi qu'un chef norwégien, avaient fondé le duché de Normandie (2). — J'ai déjà cité (chapitre III) des auteurs de cette époque qui

(1) Voir l'essai de M. Schiern sur la tradition de Palnatoke et de Guillaume Tell. *Historisk Tidsskrift*, I, 91.

(2) Le récit de Mathieu de Westminster (*Flores Historiarum, Francofurti*, p. 179 et suiv.) est par exemple très-caractéristique : Rollon est natione Danus « et venu de Dania sive Dane marchia »; mais quant au nouveau nom de la *Neustrie Normannia*, il « ab ipsis Norensibus dicitur. »

trouvons pas une seule qui reproduise
norwégienne (1).

VI. Nous pouvons prouver que l
gienne se lie d'une manière si inti
que la façon dont cette tradit
évidente au premier abord. O
comment elle devait naître.

Ainsi que nous l'avons
est extrêmement simple
apprennent seulement ... pro-
mer vers l'Ouest et ... , avait été
Vallande qu'il pilla ... est évident qu'il
qu'il peupla de « N ... ien ; il fallait seu-
pourquoi le pays ... re un Rolf qui, *à ce mo-*
Presque tous ... itions à l'étranger. On choisit
phrase ; on y ... empara et la tradition *fut com-*

J'ai déjà
nominati
dans la
histor
de l'
po

... Muratori, *Scriptores*, V, 549.

... *Anglorum*, liber II, § 127 (éd. Hardy, I, 199) : ... mox Rollo, qui nobili sed per vetustatem ... Noricorum ortus, regis præcepto patria ... quos vel æs alienum vel conscientia scelerum ... magnis spebus solicitatos secum abduxit. Itaque ... aggressus, cum ubique libera spatiaretur insania, ... lum hæsit, etc. »

... Cependant, il n'est pas nécessaire que Guillaume, par ... patria carens », pense au châtiment de Rollon pour son ... des côtes norwégiennes ; car, suivant la tradition nor- ... tous les Vikings étaient expulsés de leur patrie par ... du roi. Voir mon *Indledning*, ch. IX et X, *sur les* ... des expéditions normandes.

... Bouquet, *Historiens*, IX, 62.

jamais qu'en ceci : qu'un Rolf
on Vallande et soumis une
de Norwégiens, d'où elle

porter atteinte par
able des Sagas ;
me semble

mman-
tit tous les
rand royaume.
ausse tradition ir-
e par les Irlandais (1).
originaire de Norwége. —
détails ; il raconte que les fils
arfager, Thorgils et Frode, allaient
maritime à l'Ouest et qu'ils pillaient
se et en Bretlande. « Ils furent les premiers
rwégiens qui s'emparèrent de Dublin. On raconte que Frode fut empoisonné, mais Thorgils resta longtemps roi de Dublin, jusqu'à ce qu'il fût trompé par les Irlandais et y périt (2). » Ainsi, selon Snorre, Turgesius était le fils de Harald Haarfager ; mais c'est absolument impossible, car Turgesius mourut notoirement en 843 et Harald est né vers 850 (3). Nous pouvons indiquer la formation de cette fausse tradition. Le Saga « Upphaf rikis » connaît Thorgils, mais sait seulement qu'il allait « en expédition dans

(1) *The war of the Gaedhil*, XLII. Cf. plus haut
(2) Saga de Harald Haarfager, ch. XXXV.
(3) Munch, *Norske Folks Historie*, I, 1, 440.

disent que les Normands venaient de Norwége. Voici quelques exemples de la façon dont on a fait de Rollon un Norwégien. Gaufred Malaterra parle (vers 1100) de « Rholo dux fortissimus pirata a Dacia vel Norweja (1). » Guillaume de Malmesbury (vers 1141) sait que Rollon était « nobili sed per vetustatem obsoleta prosapia Noricorum ortus, Regis præcepto patria carens » (2) ; nous retrouvons peut-être (3) ici la tradition norwégienne qui s'est égarée en Angleterre. Chronicon Alberici suit la fable adoptée par de Guillaume (4).

Les Norwégiens avaient entendu dire qu'une province de Vallande, nommée la Normandie, avait été conquise par un héros du Nord ; il est évident qu'il devait être Normand, Norwégien ; il fallait seulement trouver dans l'histoire un Rolf qui, à ce moment, eut fait des expéditions à l'étranger. On choisit Gangerrolf, on s'en empara et la tradition fut com-

(1) Liber I, ch. I. Muratori, *Scriptores*, V, 549.

(2) *Gesta Regum Anglorum*, liber II, § 127 (éd. Hardy, I, 199) : « Primo Hasteng, mox Rollo, qui nobili sed per vetustatem obsoleta prosapia Noricorum ortus, regis præcepto patria carens, multos quos vel æs alienum vel conscientia scelerum exagitabat magnis spebus solicitatos secum abduxit. Itaque piraticam aggressus, cum ubique libera spatiaretur insania, apud Carnotum hæsit, etc. »

(3) Cependant, il n'est pas nécessaire que Guillaume, par son « patria carens », pense au châtiment de Rollon pour son pillage des côtes norwégiennes ; car, suivant la tradition normande, tous les Vikings étaient expulsés de leur patrie par l'ordonnance du roi. Voir mon *Indledning*, ch. IX et X, sur les causes des expéditions normandes.

(4) Bouquet, *Historiens*, IX, 62.

plète ; elle ne consista jamais qu'en ceci : qu'un Rolf avait fait des conquêtes en Vallande et soumis une province qu'il avait peuplée de Norwégiens, d'où elle tira son nom de Normandie.

On me blâmera peut-être de porter atteinte par cette supposition à la tradition respectable des Sagas ; je vais donc établir un parallèle qui me semble assez frappant.

Vers 830, une flotte arrivait en Irlande, commandée par Turgeis ou Turgesius, qui assujettit tous les étrangers en Erin et y fonda un grand royaume. Turgesius mourut en 843 ; une fausse tradition irlandaise dit qu'il fut assassiné par les Irlandais (1). Ce roi était probablement originaire de Norwége. — Snorre sait quelques détails ; il raconte que les fils du roi Harald Haarfager, Thorgils et Frode, allaient en expédition maritime à l'Ouest et qu'ils pillaient en Écosse et en Bretlande. « Ils furent les premiers Norwégiens qui s'emparèrent de Dublin. On raconte que Frode fut empoisonné, mais Thorgils resta longtemps roi de Dublin, jusqu'à ce qu'il fût trompé par les Irlandais et y périt (2). » Ainsi, selon Snorre, Turgesius était le fils de Harald Haarfager ; mais c'est absolument impossible, car Turgesius mourut notoirement en 843 et Harald est né vers 850 (3). Nous pouvons indiquer la formation de cette fausse tradition. Le Saga « Upphaf rikis » connaît Thorgils, mais sait seulement qu'il allait « en expédition dans

(1) *The war of the Gaedhil*, XLII. Cf. plus haut

(2) Saga de Harald Haarfager, ch. XXXV.

(3) Munch, *Norske Folks Historie*, I, 1, 440.

l'Ouest » (1) ; Snorre, ou peut-être un de ses prédécesseurs, a entendu parler d'un Thorgils qui se rendit maître de Dublin, et il l'identifie sans façon avec le fils de Harald Haarfager du même nom (2). — N'est-il pas vraisemblable que la tradition de Gangerrolf s'est formée graduellement d'une manière à peu près semblable. L'auteur d'un Saga a dit que Rollon exilé alla dans l'Ouest, peut-être à Vallande ; l'autre, plus sage, et qui sait que la Normandie est habitée par un peuple scandinave, ajoute : et c'est ce Rollon qui conquit la Normandie (3).

VII. Je vais examiner comme contraste le récit de Dudon et les objections qu'on a faites contre lui, et terminerai en examinant si son récit peut être confirmé par d'autres sources.

(1) *Fornmanna sægur*, X, 196.

(2) Gjessing, *Kongesagaens Fremvæxt*, p. 103.

(3) Il peut sembler surprenant que Saxo, le grammairien, qui cite Dudon, ne mentionne point du tout que la Normandie fut conquise par les Danois; mais pour moi, il est certain que Saxo n'a jamais lu l'œuvre de Dudon. On ne trouve pas chez lui un seul nom, un seul fait qui révèle qu'il ait lu Dudon. Il est impossible que Saxo n'eût pas adopté, pour son histoire du Danemark, quelques-unes de ces traditions sur les conquêtes des « Dani » que Dudon nous rapporte. La seule chose que Saxo sache de Dudon se trouve dans la seconde phrase de son œuvre : « Quanquam Dudo rerum Aquitanicarum scriptor Danos a Danais ortos nuncupatosque recenseat. » Je ne m'appuie pas sur ce qu'il appelle Dudon historien aquitanien ; car Saxo ne sait guère où était située l'Aquitaine. Mais sa citation n'est pas exacte, car ce n'est pas Dudon qui fait dériver Dani de Danai ; il raconte simplement que les Danois se vantent de cette origine. Saxo a lu ou entendu quelque part cette seule citation de Dudon sur ce seul point.

A. D'abord on a dit qu'on ne peut pas s'appuyer du récit de Dudon affirmant que Rollon venait de « Dacia », accompagné des « Dani » ou des « Daci », parcequ'il ne connaissait pas la géographie du Nord, et qu'il commet l'erreur si commune d'appeler Danois tous les peuples du Nord. Je ne puis pas approuver cette objection. J'ai déjà essayé au chapitre III de prouver que le nom de « Dani » au moyen âge n'était pas la dénomination commune. Il faut encore faire cette observation pour l'œuvre de Dudon.

Il commence son livre premier par quelques renseignements géographiques et ethnographiques. Il nous y présente les thèses banales et bien connues du moyen âge sur les peuples de l'Est et du Sud avec les méprises ordinaires, telles que nous les trouvons chez Isidore de Seville par exemple. Il est évident que Dudon ne doit pas ces renseignements aux Scandinaves : ce qu'il sait, il l'a lu (1). — Il serait très-naturel qu'en outre, Dudon eût reçu de ses rapporteurs scandinaves des renseignements sur la situation

(1) On juge, il me semble, très-souvent trop sévèrement les connaissances géographiques de ce temps-là relatives à l'Est de l'Europe. Il faut se rappeler que même actuellement, dans notre siècle, nous savons bien peu de chose sur ces peuples nombreux qui, au moyen âge, habitaient entre la Baltique, la mer Noire et la mer Caspique, et qu'aujourd'hui nous rejetons des suppositions qu'on regardait comme justes et bonnes il y a peu d'années. Il faut se rappeler aussi qu'il était naturel pour un géographe du temps de Dudon de confondre la Dacie romaine et la Dacie danoise (Danemark) ; car il était bien connu que les peuples de la Scandinavie et du Danemark allaient vaincre et peupler les pays de l'Est.

du Danemark, et on trouve aussi chez lui des traces qui paraissent le révéler.

Ainsi Dudon sait très-bien distinguer entre les Danois et les Norwégiens ; il dit : « Quid facient vel quid dicent ceteri Dacigenæ et Northguegigenœ (1). » — Dudon appelle aussi le père de Rollon « omnium Orientalium præpotentissimus (2), » ce qui indique une origine danoise plutôt que norwégienne. On peut voir où l'Est est situé suivant Dudon, car il dit de Otto, « rex transrhenanus, ascita et coadunata Orientalium profusius manu, venit velociter devastans omnia Parisius (3). » —Rollon dit ensuite, en arrivant auprès du roi Adelstan qu'Eurus, le vent de l'Est ou de Sud-Est, l'a poussé à la côte de l'Angleterre (4); et un duc saxon raconte au fils de Rollon, le duc Guillaume, qu'il a souvent fait la guerre au brave peuple dans la patrie de ses ancêtres et que même une fois il y a été fait prisonnier (5). Il n'y a donc pas de doute sur le pays que Dudon appelle « Dacia. »

Décidément Dudon sait distinguer les dénominations Northmanni et Daci ou Dani ; le premier de ces noms est celui des Vikings qui pillaient le Sud et

(1) Dudo, 282 (148 B).

(2) Dudo, 141 (70). Benoît, I, p. 89 : « En tut le règne d'Orient naveit nul home si vaillant. »

(3) Dudo, 253 (130 B).

(4) Dudon, 147 (73 A).

(5) Dudon, 198 (100) : « Bellicosum egregiumque genus tuæ armipotentis progeniei me nolentem Daciscam linguam docuit... quia invadens sæpissime plurima castra mei ducaminis innumerabilia prælia in me exercuit meque prœlio captum ad sua detraxit. »

des habitants de la Neustrie au Xe siècle ; le second est la dénomination de la nation scandinave d'où venaient les Vikings. On peut examiner son œuvre et s'en persuader. Ainsi, p. 130, on trouve : Daci nuncupantur a suis Danai, vel Dani, gloriantūrque se ex Antenore progenitos... Daci cum duce Anstigno (Hasting)... p. 133. Hasting fait annoncer dans Luna : Alstignus, dux Dacorum vobis fidele servitium et omnes pariter sui, sorte Dacia cum ipso ejecti. P. 136, au contraire : dum pavidi Northmannorum adventus formidarentur. P. 141-150, dans le passage sur la vie de Rollon avant son arrivée en France : Dacigenarum turmæ, rex Daciæ, dux Dacorum, etc. Au contraire, p. 152 : le bruit court à Rouen « Normannorum multitudinem adesse Gimegias, » p. 154 : le bruit court « adesse Normannos. » Les deux chevaliers français qui sont envoyés vers eux sont « Daciscæ linguæ periti » ; p. 155 « ars prœliandi more Dacorum. » Depuis la page 156 jusqu'à la fin de l'ouvrage il parle tantôt des Normanni, tantôt des Daci, le plus souvent des Daci.

Je crois que ces citations suffisent à établir que Dudon sait faire la différence entre les Danois et les Norwégiens, qu'il sait où est située la Dacie, et qu'il connaît la signification des noms « Northmanni » et « Daci. »

**B.** On blâme Dudon de nous présenter Rollon comme chef principal de l'armée de Vikings à une époque où il n'était tout au plus qu'officier subalterne. Les annales franques ne le nomment pas comme chef, et elles donnent même les noms des chefs à cette époque. Cette objection n'est pas tout à fait juste. Par la force naturelle des choses, il est toujours dangereux pour un auteur de grouper les événements autour d'un héros — d'écrire d'abord un livre sur Hasting et un autre sur Rollon. Dudon a peut-être attribué à son héros plus qu'il ne lui appartient — mais l'œuvre porte en elle-même son correctif.

On voit par beaucoup de passages de Dudon que Rollon prend souvent conseil de ses guerriers et qu'il reçoit de ceux-ci la permission ou l'instruction demandée. « P. 146 : Rollo... accersitis majoribus principum... inquirit. P. 151 : Rollo consultu fidelium suorum libravit vela ventis navigeris. P. 153 : inde ad naves suas reversus convocatis principibus quærit sagaci mente consilio suorum quid sit faciendum. P. 158 : principibus advocatis quid acturus sit super hoc negotio cæpit inquirere. P. 160 : Rollo autem his auditis consilio suorum dedit regi pactum trium mensium. P. 166 : quo audito convocat majores Dacorum et quæ episcopus sibi retulit narrat in auribus eorum. Daci vero... dixerunt Rolloni... etc. (1). »

Cette consultation fréquente des chefs nous démontre certainement la situation vraie de Rollon parmi eux. En tout cas un passage de Dudon est contradictoire avec l'idée de Rollon comme chef unique. Un des guerriers de Rollon se sert de ces termes

(1) Le même trait se retrouve chez Guillaume de Jumiéges, Wace et Benoît.

vis-à-vis des ambassadeurs francs : nous n'avons pas de maître, nous sommes tous égaux ! J'examinerai ce passage à fond plus tard ; pour le moment je le cite seulement comme indiquant la position réelle de Rollon, d'après les récits de Dudon.

On a aussi objecté contre l'autorité de Dudon que les annales étrangères nous indiquent d'autres chefs à cette époque. Cette observation n'a pas par elle-même une grande valeur, car si le commandement était partagé entre plusieurs, un nom pourrait se trouver chez un historien, un autre nom dans une autre source. Les chefs qui peuvent entrer en considération sont Godfred, qui fût baptisé et épousa la fille de Lothaire, mais il fut assassiné dès 885 ; Sigfred, qui assiége Paris, en 886, est assassiné en 887 en Frisland ; dans la bataille de Louvain deux rois succombent : Sigfred et Godfred. Hasting se trouve en 891 à Amiens et passe en Angleterre en 892. En 896 Huncdeus franchit l'embouchure de la Seine. Ce serait surtout ce dernier personnage qui pourrait être mis en parallèle avec Rollon ; nous devons donc examiner scrupuleusement ses faits et gestes et sa patrie.

Les annales racontent que les Normands, après la bataille de Louvain (892), quittèrent la France, qui resta en paix jusqu'en 896, époque à laquelle le chef normand, Huncdeus, entra dans la Seine avec cinq vaisseaux. Une armée considérable fut bientôt rassemblée et les pillages recommencèrent. Les Normands se retirèrent un peu l'année suivante devant l'ennemi qui avait rassemblé une nombreuse armée. Charles reçut Huncdeus comme hôte et il fut baptisé à Cluny (1). De la part des Normands c'était sans doute pure politique, car ils pillaient de nouveau, quand, peu après, la guerre s'alluma entre Charles et Otto. Plus tard nous n'entendons plus parler de ce chef baptisé.

Il est assez remarquable que ce récit sur l'arrivée de Huncdeus dans la Seine, en 896, ait été appliqué assez vite à Gangerrolf, soit par méprise soit par accommodement, car le Chronicon *De Normannorum gestis* a changé sans façon le Huncdeus en Rodo (var. Roflo) (2). Ainsi on s'est soustrait à la difficulté de nommer un autre chef que Rollon à une époque où celui-ci était chef principal selon les meilleures sources (3). Le nom de Huncdeus est aussi une cause d'embarras. Munch l'interprète comme Angantyr (Ongentheov); mais pense aussi qu'il a été écrit inexactement au lieu de Hemideus Hamdir, ou que l'homme s'est appelé Hundi. Maurer propose Hundolfr ou Hunthjofr (4).

(1) Annales Vedastini, Pertz, *Scriptores*, II, 208 : (896) « Et per idem tempus iterum Nortmanni cum duce eorum Huncdeo nomine et quinque barchis iterum Sequanam ingressi... Northmanni vero jam multiplicati... (897) Karolus vero Huncdeum ad se deductum, Cluninio monasterio in pascha eum de sacro fonte suscepit. » L'ancienne édition, dans le premier volume de Pertz, *Scriptores*, avait, selon Bouquet, Hunedeus (I, 530).

(2) Pertz, *Scriptores*, I, 536.

(3) Voir Palgrave, *England and Normandy*, I, 662 : « This name is of singular sound, it never occurs before—possibly the reading is corrupt, — but the sudden apparition of Huncdeus is rendered more remarkable from that circumstance, that others call him Rodo, or even Rollo. »

(4) Munch, *Norske Folks Historie*, I, 1, 652.—Maurer, Bekehrung, I, 57.

On peut augmenter ces difficultés. Guillaume de Jumiéges (ou son continuateur) raconte (l. VII, ch. III), que lorsque Guillaume le Bâtard monta sur le trône de Normandie, le puissant Roger de Toeni fut irrité de voir un fils naturel hériter du trône ducal; il avait, lui, le droit de succéder, comme descendant de cet Hulc, oncle de Rollon, et son compagnon de conquêtes en France (1). On n'a aucune raison de douter de la véracité de cette donnée; nous devons donc blâmer à notre tour les auteurs francs de ce qu'ils ne font pas mention de ce Hulcius.

On a raison, il me semble, de supposer que Huncdeus et Hulcius ne font qu'un seul et même personnage. La transformation de *l* en *n* se fait facilement; on peut de même aussi admettre une erreur graphique : Huncdeus (Hulcheus).

Dans cette hypothèse, on comprend que Rollon peut être nommé comme chef alternativement avec Hulc, s'ils étaient si proches en parenté, ils ont partagé le pouvoir. Enfin nous arrivons à concilier les sources, car le récit de Guillaume nous force à chercher un tel chef des Vikings en 896, et, d'autre part, le chef Huncdeus nous empêche de trouver Rollon et sa suite.

**C.** On dit ensuite que le récit de Dudon est écrit d'une manière vague et obscure; que le sort de Rollon en Danemark ne nous paraît qu'enveloppé d'un épais brouillard, et que Dudon ne sait même pas le nom du père, son héros. A vrai dire, on blâme non-seule-

(1) Voir plus haut.

ment sa description de la jeunesse de Rollon, mais son travail en général. On cherche souvent en vain chez lui des noms de lieu et de personnes. Ou bien il n'a pas connu ces noms, ou il craint de ne pas les écrire exactement. On peut supposer aussi que son séjour à l'étranger (en Vermandois) lui a fait omettre des noms qu'il eût pu apprendre facilement en Normandie. Dudon loue, par exemple, l'épouse du duc Guillaume Ier, mais ne dit pas son nom; Guillaume de Jumiéges l'appelle Sprota (1). Dudon mentionne la sœur de ce duc sans indiquer son nom; Guillaume l'appelle Gerloc (2); *Roman de Rou*, Elborc (3). Selon les autres sources, elle se nommait Adèle, sans doute son nom de baptême (4). Dudon ne nomme pas la ville où les évêques français s'assemblèrent en synode au temps de Richard Ier, Guillaume nous dit que ce fut Laon (5).

**D.** On fait encore cette objection que les différents songes mentionnés de Dudon démontrent que nous nous trouvons en présence d'un roman historique. On peut répondre que si tous les événements célèbres qui, dans les chroniques, sont accompagnés de songes, étaient à rebuter, on effacerait de l'histoire un grand nombre de faits admis comme authentiques. D'ailleurs, comment croire qu'un pareil temps ne fût pas riche

(1) Liber III, ch. II. Cf. Dudon, 185.
(2) Liber III, ch. III. Cf. Dudon, 194.
(3) Selon Lair, *l. c.*, 192, seulement une mauvaise lecture de l'éditeur.
(4) Lair, *l. c.*, 192.
(5) Liber IV, ch. XVII. Cf. Dudon, 277.

en songes quand tous les esprits étaient si excités, quand l'ancienne croyance était secouée dans sa base, et que les esprits souffraient dans le doute et la crainte, quand les adhérents à l'ancienne foi et à la nouvelle étaient fortement opposés les uns aux autres? Et, d'ailleurs, Gorm et la reine Thyra n'avaient-ils pas justement à ce temps des songes remarquables? Halfdan Svarte et Ragnhild ne prévoyaient-ils pas dans des songes la puissance et la grandeur de leur fils Harald Haarfager (1)?

E. Ce que Dudon nous raconte de l'état du Danemark est conforme à ce que nous savons d'ailleurs. Les annales du IXe siècle nous présentent le Danemark comme le théâtre de combats perpétuels entre les membres de la famille royale. Dudon nous fait le même tableau; le roi de Danemark dit à Rollon, à qui il fait la guerre depuis longtemps, qu'à cause de leurs liens de parenté ils devaient être amis : « Nihil mihi et tibi nisi gratia propinquitatis (2). » Cette parenté est mise à l'épreuve quand Richard, petit-fils de Rollon, en 944, envoya demander au roi Harald « propinquus suus », secours contre les Francs (voir le chapitre suivant).

On ne distingue pas clairement où le père de Rollon a régné. Il posséda une partie de la Dacie et en outre, quelques contrées voisines de Dacia et d'Alania (synonyme ici de Hallande?). Dudon ne nomme pas la ville où Rollon est assiégé par le roi

(1) Heimskringla, *Saga de Halfdan Svarte*, ch. VI, VII.
(2) Dudon, 143.

danois et où il est dupé par cette ruse purement normande d'une fuite simulée ; mais, chose remarquable, Benoît sait le nom de la ville ; nous y trouvons encore un exemple que tantôt un auteur sait plus sur la tradition populaire que l'autre. Le nom de la ville était Fasge (1). On peut penser à Faxe en Sélande; en tout cas, le nom est bien danois. — La ville prise, Rollon fut obligé de fuir à Scanza insula, peut-être Skan-ey (Scanie). Il semble que dans sa fuite il dépasse les limites du pays du roi. Ceci s'accorde aussi avec les sources danoises ; nous possédons une tradition indiquant que la Scanie fut conquise à cette époque par la Suède. Saxo raconte la gloire de la reine Thyra, en ajoutant que par elle la Scanie fut dégagée des tributs qu'elle payait aux rois de la Suède ; nous ne savons pas quand cette dépendance a commencé et quand elle a pris fin. Une tradition chez Adam de Brême a peut-être rapport à ce fait ; elle raconte qu'un certain Olaf, qui venait de la Suède et y était prince, fut roi de Danemark (ou d'une partie du Danemark ? (2))

Nous avons terminé notre examen de la tradition sur l'origine de Rollon. J'ai établi que la tradition norwégienne n'est confirmée en rien par les sources de l'Ouest, de l'Europe et en beaucoup de points,

(1) Benoît, I, 105 :

> Rou a Fasge senz gent enmeine
> Riche cité sue demeine.

Ce nom se trouve aussi dans la *Chronique ascendante des ducs de Normandie.*

(2) Adam de Brême, I, ch. L.

qu'elle est en contradiction avec ces documents. J'ai essayé de démontrer comment cette fausse tradition s'est formée, et enfin, j'ai éclairci les détails de la tradition normande, surtout comme nous la trouvons chez Dudon. Il en résulte suivant moi :

1° Que la tradition norwégienne sur Gangerrolf est fausse et doit être écartée de l'histoire ;

2° Que le récit de Dudon concernant la naissance danoise de Rollon et sa fortune en Danemark doit être regardé comme juste et exact en général.

Ce résultat concorde complètement avec les rapports de la Normandie et du Danemark, à une époque plus avancée (voir le chapitre suivant), elle s'accorde avec cette communauté de souvenirs historiques, de traditions et de lois, qu'on peut indiquer entre les deux pays et dont nous allons donner plusieurs exemples. Elle s'accorde aussi avec ce que nous avons appris sur le sort de la Neustrie, avant la conquête par Rollon, à savoir que c'étaient des armées danoises et des chefs danois qui allaient en expédition sur les côtes de France.

# VI.

## LA NORMANDIE CONSIDÉRÉE COMME COLONIE DANOISE.

SOMMAIRE : Parenté des rois de Danemark avec les ducs de Normandie. — Rapports entre les Normands et les Vikings en Angleterre. — Les Norwégiens viennent rarement en Normandie. — Les colons scandinaves en Normandie ont conservé leurs mœurs, leur langue et leur esprit scandinaves assez longtemps.

Selon le récit de Dudon que nous venons d'examiner, en ce qui concerne les rapports de Rollon avec le roi de Danemark, celui-ci dit à Rollon : « Que querelle ne soit pas entre toi et moi, car nous sommes parents. » Imitant la proposition d'Abraham à Loth (1), chacun dut garder sa part de terre et vivre en paix sans s'inquiéter mutuellement. Mais le roi danois était perfide, et il expulsa Rollon. Ce ne fut qu'après l'établissement par les expulsés danois d'un état indépendant à l'Ouest, qu'on se rappela l'ancienne relation des deux maisons souveraines.

Guillaume Longue Épée, fils de Rollon, fut assassiné par Arnulf, comte de Flandre, en 943, au milieu

(1) On doit remarquer que Dudon se sert très-souvent d'expressions et de phrases prises dans l'Ancien Testament.

d'un congrès pacifique. Il laissa un fils de dix ans Richard, et, comme le roi français ne voulait pas permettre qu'une tutelle normande administrât le fief, la guerre éclata entre les Normands et les Français. Pour faire résistance aux Français, les Danois recourent à leur ancienne patrie. Une ambassade fut envoyé en Danemark au roi Harald, « le parent du duc Richard (1) » qui arriva à la hâte avec une flotte considérable. Les Scandinaves battirent les Français, et le roi Louis fut fait prisonnier. La paix conclue fut bien humiliante pour le roi, et Harald, qui avait on ne peut mieux gouverné le duché, retourna chez lui. — Il est assez vraisemblable que ce roi était Harald Blaatand (à la dent bleue) (2). L'événement ne précède le temps de Dudon que d'une génération, et cet écrivain, comme nous l'avons vu, connaît bien Dacia. Guillaume de Jumiéges dit expressément que le roi dont il est parlé était ce Harald, père de Svend (3). Les auteurs français, Frodoard, et plus tard Richer, ne mentionnent Harald que comme le Normand « qui Bajocis (Bajocensibus) præerat (4); » mais Harald avait précisément cette fonction ; il commandait les troupes de Bayeux, auxquelles se joignaient les guerriers du Cotentin et du Bessin. Quelque temps s'est écoulé depuis l'arrivée de Harald, et avant la

(1) Dudon, p. 239 : *suo consanguineo;* 244 : *suus propinquus.*

(2) Lappenberg, *Geschichte,* II, 29. — Munch, *Norske Folks Historie*, I, II, 213.—Worsaae, *Erobring af Normandiet*, p. 213. — Depping, *Excursions normandes*, app. V.

(3) Liber III, ch. IX; IV, ch. VII.

(4) Pertz, *Scriptores,* III, 392, 598.

guerre, Frodoard n'a pas su que Harald était le chef de l'armée auxiliaire ; il ne le connaît qu'à titre d'officier normand. Si l'on prenait les expressions de Frodoard à la lettre, il faudrait même supposer que Harald n'était nullement un Scandinave nouvellement arrivé, mais à cet égard on n'a pas encore douté de la véracité du récit de Dudon et de Guillaume.

On ne peut pas objecter à cette tradition normande que les récits scandinaves sont muets sur cette expédition de Harald en Normandie. On sait combien les sources danoises sont peu explicites pour cette époque. Du reste, Saxo et les Sagas nous disent que les fils de Gorm étaient très-occupés d'expédition à l'Ouest (1). Ainsi Kanut Danaast, frère de Harald, meurt en Angleterre ou, comme le veut Saxo, en Irlande (2), et nous savons qu'il séjourna quelque temps en Flandre (3).

(1) Saxo, p. 471. Cf. *Saga Olafs konungs Tryggvasonar*, ch. LXIV, dans les *Fornald. Sœgur*, I, 117.

(2) Saxo nous raconte, p. 472 : « Cujus rex, Duflina, quæ provinciæ caput habebatur, obsessa cum paucis admodum sagittariæ artis peritis conjunctum urbi nemus ingressus, Canutum, magna cum militum frequentia *nocturnis ludorum spectaculis interpositum*, insidioso fraudis circuitu, vulnifica procul sagitta petivit, quæ in adversum regis corpus incidens mortificum ei vulnus intorsit, etc. » Ces jeux nocturnes ont donné beaucoup de peine aux savants. Ce que Saxo a voulu dire ne me semble pas douteux. Suivant le Saga d'Olaf Tryggvason (*Fornald. Sœgur*, I, 117), Kanut est tué quand lui et les soldats se baignaient entre les nefs. Si l'on corrige les « nocturnis ludorum spectaculis interpositum » en « natantium ludorum spectaculis », etc., ou en « natatorum », l'identité des deux récits saute aux yeux.

(3) *Lamberti Ardensis historia comitum Ardensium et Guis-*

Si l'on doit ajouter foi au récit de Guillaume de Jumiéges, le roi Harald est revenu en Normandie, ayant été chassé du Danemark par son fils Svend (l. III, ch. IX). L'historien place cet événement déjà au temps de Guillaume Longue Épée, c'est-à-dire il le déplace d'une vingtaine d'années, ce qui rend son récit douteux. Il est cependant certain que, sous Richard Ier, les Danois sont venus secourir les Normands. Le comte Thibaut de Chartres avait remonté la Seine jusqu'à Rouen et menaçait sérieusement le duché normand ; alors le duc Richard envoya de nouveau chercher des auxiliaires en Danemark. Le roi danois Harold accueillit, dit-on, les messagers cordialement ; une flotte fut équipée et se rendit sur les côtes de la Manche, mais le roi lui-même ne prit pas part à l'expédition. Les Danois dévastèrent terriblement les pays du comte Thibaut. Leur fougue était si grande, qu'ils ne voulaient pas s'arrêter, même après que Richard se fut décidé à traiter avec l'ennemi ; ils promettaient de lui conquérir toute la France, et s'il ne voulait pas la recevoir, ils voulaient s'emparer du pays pour eux-mêmes. Richard ne voyait d'autre moyen que d'acheter secrètement les chefs danois et de leur montrer un pays qu'ils pouvaient gagner (1). Suivant son conseil, ils se tournèrent vers l'Espagne, qu'ils pillèrent pendant six ans, sous les ordres du chef Gundered (966-971) ; ils y brûlèrent dix-huit villes (2). Pourtant beaucoup de

*nensium* (Ludewig, *Reliquiæ manuscriptorum*, VIII), l. IV, c. VII. Steenstrup, *Indledning*, 236.

(1) Dudon, p. 276 (144). — Willelmus Gemmet., IV, 16.

(2) Dozy, *Recherches sur l'histoire de l'Espagne*, II, 309-315.

ces mêmes Vikings restèrent en Normandie et y furent baptisés (1).

Il suit de ce que je viens de dire que les Normands de la Manche, encore longtemps après la conquête du duché français, se considérèrent comme *colons du Danemark*, et que la mère-patrie savait venir en aide à ses fils expatriés. On comprend donc que le saxon Widukind (III, ch. IV), qui devait bien connaître les pays scandinaves, en parlant de Rouen au milieu du Xe siècle, put encore l'appeler « urbs Danorum. »

Nous verrons les mêmes résultats si nous étudions *les rapports entre les habitants de la Normandie et les Danois qui pillaient en Angleterre.*

En 988, une flotte danoise pillait dans le Sommersetshire, à la baie de Bristol. Il est vraisemblable que les habitants des pays voisins, du Bessin et du Cotentin, ne surent pas résister à leur fougue de Vikings et qu'ils prirent part à l'expédition, ou au moins que la flotte trouva dans les villes de Normandie les moyens de transaction qu'elle désirait pour la vente de son butin (2). Le roi Athelstan, furieux de cette connivence, s'en plaignit au prince voisin. On en arriva sinon à la guerre, du moins à des négociations menaçantes, qui nécessitèrent une intervention du pape. L'évêque de Trier fut envoyé

(1) Willelmus Gemmet., IV, 17 : « Paganorum plurimos ad fidem Christi sacris monitis conuertit, alios in paganismo permanere disponentes ad Hispanias transmisit. »

(2) Telle est la conjecture de Lappenberg, *Geschichte*, I, 421, admise par Freeman, *The history of the Norman Conquest of England*, I, 314.

à Rouen où des ambassadeurs anglais le rencontrèrent, et une convention fut signée par laquelle on ne devait recevoir ni en Angleterre, ni en Normandie, des sujets ou des ennemis du parti opposé, à moins qu'ils ne fussent munis du sceau ou de la signature du roi (1).

Il semble qu'en l'an 1000 on ait rompu la paix conclue. Les annales nous disent que la flotte danoise, après avoir pillé l'Angleterre, *fit voile pour la Normandie* (2), sans doute pour y vendre son butin. Le roi Athelred envoya une flotte dans le Cotentin avec ordre de piller toute la Normandie et d'amener à ses pieds le duc Richard chargé de chaînes. L'expédition fut très-malheureuse; les habitants du Cotentin repoussèrent l'ennemi et en firent un grand carnage. Il ne s'échappa, dit-on, qu'un seul homme pour annoncer au roi le triste résultat de l'entreprise (3).

Il était à supposer que des rapports plus intimes entre la nation normande et les Anglais naîtraient du mariage du roi Ethelred et d'Emma, sœur de Richard II; mais il n'en fut rien. Quand après le massacre de la nuit de St-Briccius, les Danois cher-

(1) Guillaume de Malmesbury, II, 166.

(2) *Anglo-Saxon Chron.* 1000 : « Danorum classis præfata hoc anno Normanniam petit. » Roger de Wendower (I, 434) y ajoute « hostiliter », ce que Lappenberg adopte (I, 429; II, 36). Il est évident que le récit exact est tel qu'il est donné en haut. Cf. Freeman, *Norman Conquest*, I, 327.

(3) Willelmus Gemmeticensis, V, 4. — Lappenberg (I, 422) place cette invasion en 991; à tort, comme le prouve Freeman, *Norman Conquest*, I, Appendix E.

chèrent à venger l'offense faite à leur nation et commencèrent leurs attaques sur l'Angleterre, le duc Richard s'allia à ses anciens camarades. Le roi Svend arriva à Rouen et signa avec le duc une convention stipulant que la paix régnerait toujours entre les Danois et les Normands, et que les Danois pourraient vendre librement leur butin en Normandie; que le guerrier danois, malade ou blessé, pouvait trouver assistance et cure en Normandie « comme dans sa propre chambre (1). » On y voit clairement les rapports amicaux et intimes entre les habitants du Danemark et de la Normandie. Il semble même que les Normands aient voulu s'approprier des parts du butin qu'ils ne pouvaient gagner eux-mêmes.

Lorsque, quelques années plus tard, la comtesse Emma de Limoges fut faite prisonnière par les Vikings et gardée en prison pendant trois années « de l'autre côté de la mer », le duc Richard fut chargé d'être l'intermédiaire entre les Vikings et le comte, qui dut payer une forte rançon (2).

Parmi les guerriers étrangers qui assistaient à la conquête de l'Angleterre par les rois Svend et Kanut se trouvait aussi Olaf (St. Olaf), fils d'Harald Grænske, et « Lacman » « rex Suavorum (?). » A cette époque, le duc Richard II était en querelle avec le comte Eudes de Chartres au sujet de la dot de sa sœur, et il appela à son secours ces deux chefs avec leur

(1) Willelmus Gemmet., V, 7. — Freeman, I, 372. — Lappenberg, II, 36, y ajoute que les Danois s'engagèrent à ne pas piller les côtes françaises, mais on n'en trouve rien dans la convention.

(2) Bouquet, *Historiens,* X, 151.

armée. Comme ce sont justement ces deux guerriers qui ont aidé Svend, et que Glaber Rodulfus (liv. II, ch. III) ne parle que d'un secours d'Angleterre, il ne semble pas douteux qu'il les ait cherchés en Angleterre (1). Ces vaillants guerriers et leurs troupes, en abordant et pillant les côtes de l'ennemi, donnaient une assistance d'une grande importance, et les affaires semblaient dangereuses pour la France elle-même, quand enfin Robert réconcilia les deux parties. Pendant son séjour en Normandie, Olaf fut accueilli solennellement par le duc Richard et baptisé ou confirmé par l'évêque de Rouen. Snorre Sturlassœn parle de ce séjour d'Olaf à Rouen, sans en indiquer la cause ; il donne l'histoire banale sur l'origine norwégienne des ducs normands, et il y ajoute que les Jarls de Rouen « se regardèrent longtemps comme les parents des chefs de la Norwége et les estimaient autant ; qu'ils étaient les meilleurs amis des Norwégiens, et que tous les Norwégiens, quand ils le voulaient, avaient en Normandie un pays ami. » Cette phrase est, comme on voit, une variation du même vieux thème avec la même cause, à savoir que la Neustrie était appelée Normandie.

Comme nous l'avons vu, le récit de Guillaume de *Jumiéges* est tout à fait différent ; c'était, d'après lui, aux *Danois* qu'on donna une autre patrie en Normandie (2). Aussi ni Dudon, ni aucun autre auteur

(1) Willel. Gemmeticensis semble dire qu'il les a trouvés dans leur patrie.

(2) Worsaae, *Den danske Erobring af England og Normandiet*, 288.

normand, ne nous raconte que les Normands se vantaient de leur descendance norwégienne. Des circonstances spéciales, à savoir qu'Olaf et ses Norwégiens étaient en expédition dans un pays voisin, avaient amené ces guerriers en Normandie.

Loin de moi la pensée de nier que les Norwégiens soient quelquefois venus en Normandie et qu'ils y aient été accueillis avec hospitalité, mais il me semble assez singulier que toute la grande collection des biographes des Vikings nous démontre qu'il est extrêmement rare que les pirates norwégiens du X$^{e}$ siècle soient en expédition en France et que, sur ce point, les Sagas se trouvent en contradiction avec le récit de Snorre. Sigurd, fils d'Erik Bjodaskalle, part pour la Russie et reste longtemps au service de Wladimir. Les Vikings de Færœ Sigmund et Thore, font des expéditions à la mer Baltique; Sigmund est encore une fois chargé de capturer le fugitif Harald Jernhaus; il le trouve à Anglesey. Kolskegg part d'Islande pour la Norwége, le Danemark et la Russie, et meurt comme chef des Væringues, à Constantinople. Les fils de Nial font des expéditions vers les îles de Suderey, Anglesey, Man et Wales. Kormak et son frère, compagnons du roi Harald Graafeld font des excursions en Irlande. Plus tard, Kormak fait voile pour la Bjarmie, le Danemark, l'Angleterre, l'Irlande et l'Écosse où il succombe (1). Aussi est-ce un fait incontestable qu'au X$^{e}$ siècle les Norwégiens allèrent

(1) *Saga* d'Olaf Tryggvasœn, ch. XLVI; Færeyingasaga, ch. XIX-XXI; *Saga* de Njal, ch. LXXXIX, XC; de Kormak, ch. XIX, XXV, XXVI, XXVII.

presque toujours vers l'Est, en Russie et en Grèce. C'est par exception que les deux frères Egil et Thorolv, ainsi que Arenbjærn Herse en suivant les côtes de Danemark, vont en piraterie en Saxonie, et l'expédition de Eric, Blodœxe et d'Olaf, Tryggvasœn, en Flandre et en Vallande, n'est mentionnée que vaguement dans quelques chansons des Scaldes (1).

J'ai donc démontré que les Normands, pendant le premier siècle qui suit la fondation du duché, cherchaient à conserver des rapports avec la mère-patrie. Il résultera aussi de mes recherches suivantes, que les habitants de la Normandie ne perdirent qu'assez tard leurs mœurs et leurs coutumes scandinaves, que la foi païenne fut difficile à extirper, et que surtout, l'esprit de liberté scandinave se manifesta énergiquement. Un grand nombre de noms de lieux scandinaves témoignent que la langue danoise ne s'éteignit pas vite; je parle de ces noms qui regardent non-seulement les paroisses et les villages, mais aussi les champs, les bois, les prés, etc. Il est certain qu'une colonisation sur une grande échelle, qui donne au pays une nouvelle population (2), et non une nouvelle caste dominante, a pu le doter seulement d'un aussi grand nombre de noms de lieux scandinaves. Il serait, de même, incroyable que ces noms se soient conservés si opiniâtrement, si le peuple

(1) *Nyt norsk Tidsskrift*, I, p. 151.

(2) Voir mes recherches sur le nombre des colons scandinaves en Normandie. *Indledning*, p. 232 et suiv.

avait changé sa langue avec rapidité. — A cet égard, il est très-remarquable de comparer la Normandie à l'Irlande. C'est un fait historique que les Scandinaves ont possédé des royaumes en Irlande pendant trois ou quatre siècles ; néanmoins, il reste extrêmement peu de noms de lieux scandinaves : il y en a peut-être tout au plus quelques douzaines.

Les historiens modernes aiment à citer souvent les vers suivants de Benoît, comme preuve que la langue danoise n'était déjà plus parlée à Rouen au temps de Guillaume Longue Épée, de sorte que le duc fut obligé d'envoyer son fils faire son éducation chez le comte Boto, de Bayeux, afin qu'il apprît le danois (1) :

> Se à Roem le faz garder
> Et norir gaires longement,
> Il ne sara parler neient
> Daneis; kar nul nel i parole, etc.

Benoît parle de 940 environ, une seule génération après la fondation du duché. D'abord, il nous semble impossible qu'un tel changement ait pu s'opérer en si peu de temps, et si nous étudions la seule source de Benoît, Dudon, nous y trouvons qu'à Rouen on parle plus souvent le romain que le danois, tandis qu'à Bayeux le cas est opposé ; ce qui s'explique, parce qu'il est très-naturel que les habitants d'une

(1) Lappenberg, *Geschichte*, II, 23. *Annaler for Nordisk Oldkyndighed*, 1844-45, 219.—Cf. Amari, *Storia dei Musulmani*, II, 18. — Gibbon, *Roman Empire*, ch. LVI.

ville commerçante comme l'était Rouen aient pu conserver mieux ou adopter plus facilement la langue française.

On invoque aussi le même récit sur l'éducation du prince à Bayeux, en disant : on voit donc que la langue danoise n'était pas parlée à la cour. Cette conclusion nous semble sans fondement, ce qui résulte, du reste, aussi assez clairement de ce trait, qu'à un congrès de paix avec le duc Guillaume, le duc Herman de Saxe s'avisa de parler le danois, qu'il avait appris en prison en Danemark. — Il est cependant assez clair que les colons danois avaient peuplé surtout les pays du Bessin et du Cotentin (1).

D'un autre côté, on a quelquefois exagéré la durée pendant laquelle les Danois ont conservé leur langue. Ainsi, on trouve chez Le Prevost, Depping, Fréville, qu'un chevalier normand qui est venu en Italie au XI<sup>e</sup> siècle ne savait pas parler français. On cite comme source Hugo Falcandus, mais c'est là une grossière erreur; nous avons trouvé le passage en question (2), qui ne parle pas d'un chevalier normand, mais d'un Espagnol, et encore ne vivait-il pas au XI<sup>e</sup> siècle, mais au XII<sup>e</sup>.

Je crois donc que la population danoise a conservé encore assez longtemps après la conquête ses mœurs, sa langue et ses lois scandinaves (3). Je m'étonne de

(1) Voir Dudon, 195, 198, 222.

(2) Muratori, *Scriptores*, VII, 322.

(3) On trouvera dans mon *Indledning*, p. 179-191, des recherches sur le sol de la Normandie, sur sa beauté et fertilité, et sur l'influence de ces qualités sur l'esprit normand.

ce que presque tous les auteurs modernes, pour ainsi dire, effacent l'influence de l'élément danois dans la formation de la nation normande, et admettent que les Scandinaves, après une ou deux générations, se seraient complètement transformés; je m'en étonne d'autant plus, que personne ne doute que les Normands, en esprit et en naturel, ne restèrent pendant des siècles une partie bien distincte du grand peuple français. Il est bon qu'il y ait eu deux grands exploits dont il est impossible de faire abstraction, à savoir la conquête de l'Italie méridionale et la conquête de l'Angleterre. Heureusement personne n'a encore essayé d'expliquer ces deux faits comme de simples accidents dans l'histoire de la Normandie.

## VII.

### L'ARMÉE DES NORMANDS.

SOMMAIRE : Les Normands n'étaient pas des pirates proprement dits. — Les désastres des Vikings sur mer. — Les femmes accompagnent les guerriers. — L'armée. — La constitution de l'armée. — Egalité des chefs. — Les rois, les jarls, les holds, les champions, les paysans. — L'accord et l'unité dans l'armée. — Les sociétés qui se forment en prenant l'armée comme leur idéal. — La constitution des règnes normands en Russie, en Islande, en Normandie, en Italie. — Les Normands conservent longtemps leur esprit de liberté et d'indépendance.

En étudiant le rôle des Vikings dans l'histoire universelle, on ne peut trop marquer l'importance de cette sorte d'état provisoire : l'armée des Normands. C'est à elle que nous devons les grandes conquêtes, c'est elle qui a été la base des états établis par les Normands. Pour bien comprendre l'importance et le caractère de l'armée des Normands, il est nécessaire d'examiner le développement des expéditions des Vikings et surtout les moyens par lesquels les Vikings arrivaient à leur but.

Dans les expéditions des Normands en Europe, on peut facilement distinguer plusieurs périodes. Pendant les trente ou quarante premières années du temps des Vikings, les Normands ne font que des courses sur les côtes de l'étranger ; ils les pillent et, immédiatement après, ils se retirent sur leurs navires avec leur butin, puis ils font voile vers d'autres rivages pour y faire de nouveaux pillages, ou bien ils retournent dans leur pays. Leurs flottes ne comptent qu'un petit nombre de vaisseaux, et les Vikings remportent leurs victoires surtout en surprenant soudainement les habitants. En général, ils ne s'avancent pas loin dans le pays, car ils manquent des connaissances géographiques nécessaires. Le Viking ne songe pas à rester à l'étranger. A l'automne le froid et les jours décroissants le font retourner dans la patrie.

Les Normands d'un temps plus avancé, en observant le résultat de leur activité continuelle, auraient pu regarder ces expéditions comme des études préliminaires et des exercices nécessaires pour la nation, qui voulait être au-dessus de tous les peuples dans l'art militaire. Ils apprenaient la situation des océans et des rivages, ils étudiaient la géographie des pays. Comme des éclaireurs hardis, leurs navires s'approchaient de l'ennemi pour découvrir ses côtés faibles et pour trouver les dépôts de ses trésors. On peut observer comment leurs connaissances et leur expérience s'accroissent. « Il est évident » — dit un savant scrupuleux à propos de l'histoire des Normands en Irlande — « que vers 830 les Vikings ont trouvé le chemin des établissements ecclésiastiques dans le cœur du pays, loin de la mer. Les couvents et les églises étaient les principaux dépôts des richesses, les centres de la civilisation et de la résistance; ils étaient donc le but principal auquel visaient les pirates. »

Cette période nouvelle du temps des Vikings est remarquable à plusieurs égards. D'abord les flottes s'agrandissent : c'est une « copia infinita » ou « innumerabilis », comme disent les annales, que les peuples ont à combattre. Puis les Vikings séjournent dans les pays attaqués ; dans les îles et sur les côtes, on trouve des colonies d'hiver. Noirmoutiers, à l'embouchure de la Loire, fut peut-être un des premiers lieux où les Normands séjournèrent.

Dès 834, les moines abandonnèrent le couvent de cette île, à cause des attaques fréquentes et soudaines des Vikings, et en 843, nous y trouvons les Normands cantonnés (1). A la même époque, les Vikings s'abattent sur l'Irlande. La flotte de Turgesius est peut-être la première qui y passe l'hiver. En Angleterre, on voit, en 851, leur premier camp d'hiver, quand la chronique anglo-saxonne nous dit : « Hæthene menn ærest on Tenet ofer wintær sæton », et puis, en 855 : « Her hæthene menn ærest on Sceapige ofer wintær sæton. »

En même temps, le but des Vikings change ; ils cherchent à conquérir le pays et ils commencent à cultiver le sol conquis. Ainsi, en 875, Healfdene partageait le Northumberland entre ses guerriers, le cultivait et y restait quelques années. En 880, une partie de l'armée allait à l'Estangel et partageait le pays. Au Xe siècle, l'arrivée de troupes nouvelles

(1) Dümmler, *Ostfrænkisches Reich.*, I, 188, 191.

de la patrie diminue, le but de l'armée est maintenant la colonisation du pays conquis (1).

Il en résulte que l'époque où les Normands commencent à exercer une influence sur l'histoire universelle est celle où ils résolurent de s'abattre sur les pays étrangers et de s'y conquérir une nouvelle patrie ; or, ils ne pouvaient pas y réussir sans se montrer en grand nombre et organisés comme des véritables armées. Je vais indiquer plusieurs aspects qui caractérisent l'armée.

Il faut d'abord observer comme une chose d'une grande importance *que les Vikings n'étaient pas des pirates marins* ou pirates proprement dits. On pourrait trouver cette phrase absurde, surtout si l'on pense aux Vikings des Sagas, qui cherchent leurs ennemis sur la mer, abordent leurs vaisseaux et livrent avec eux des combats terribles corps à corps. Mais ce tableau, juste peut-être pour les Vikings du Xe siècle, ne l'est pas du tout en ce qui concerne les guerriers du premier siècle du temps des Normands. La flotte normande était alors exclusivement un moyen de transport. C'est une vérité indiscutable et d'une grande importance pour bien comprendre le temps des Vikings. — Pour éclaircir ce point, nous allons raconter plusieurs faits.

M. Ranke, dans sa *Franzœsische Geschichte*, nous dit que quelque puissant que fût le règne de Charlemagne, il lui manquait pourtant la moitié de tout

(1) Sur les périodes du temps des Normands, voir Freeman, *The history of the Norman Conquest of England*, I, 44-46.

pouvoir, la marine (1). C'est l'exacte vérité. Charlemagne et ses successeurs, par des mesures et commandements nombreux, avaient ordonné que des redoutes fussent bâties le long des côtes, qu'on fît le guet dans les échaugettes et les beffrois, et que les garde-côtes fussent prêts à la défense en cas d'attaque. Mais les Francs ne possédèrent jamais de flotte; car, malgré que l'empereur Charles eût ordonné de construire des vaisseaux, on n'avait pas obéi à ce commandement et, plus tard, il ne fut pas répété (2). Cependant on peut regarder ce fait, que les Francs ne comprenaient pas qu'il fallait aller combattre les Vikings sur leur propre élément, comme une des causes les plus efficaces, quoique indirecte, de la longue durée des expéditions des Vikings. Les garde-côtes pouvaient avertir les habitants voisins de l'approche d'une flotte des Vikings, peut être pouvaient ils rassembler des troupes; — mais ils n'étaient pas capables de poursuivre l'ennemi qui se retirait sur une autre côte; ils ne pouvaient pas profiter d'une victoire en poursuivant l'ennemi vaincu. On n'avait pas de vaisseaux louvoyeurs pour garder le rivage, pas de flottille prête à suivre les Vikings dans les rivières et à leur couper la retraite, c'est pourquoi les Vikings s'aventuraient avec une grande hardiesse sur les fleuves; quelquefois quatre ou cinq navires seuls quittaient la flotte et remontaient les rivières jusqu'au cœur du

(1) Ranke, *Franzœsische Geschichte,* I, 15.

(2) Waitz, *Deutsche Verfassungsgeschichte,* IV, 520, 533. — Comp. Dümmler, *l. c.*, I, 191.

pays. — Nous allons donner ici quelques preuves frappantes, à notre avis, qu'une flotte aurait pu arrêter et vaincre les Normands si elle eût existé, et que c'est une faute capitale dans l'administration des Francs de n'avoir pas essayé d'organiser ce moyen de défense.

Il est bien connu que les Normands étaient supérieurs à presque tous les états chrétiens, quant à l'art militaire. La seule puissance de l'Europe occidentale qui fit une résistance efficace aux Vikings et qui se fit respecter par eux était la puissance mahométane en Espagne. Les Vikings, pendant le IXe siècle, ne s'aventurèrent que deux fois sur les côtes de ce pays. Mais les Mahométans étaient aussi renommés comme marins habiles et intrépides. Les Normands ne réussirent que rarement à surprendre les habitants des côtes, parce que des navires en croisière annonçaient l'approche des flottes de l'ennemi. Les Arabes pouvaient alors rassembler à la hâte l'armée pour la résistance, leurs troupes étaient transportées sur des vaisseaux, et il fallait que les Normands manœuvrassent avec grande prudence, car une embarcation isolée courait le risque d'être coupée et prise. L'Arabe Ibn-Adhârî (II, 99) parle ainsi de l'excursion en 859 : « Les madjous (les païens) trouvèrent les côtes bien gardées, car des vaisseaux musulmans étaient en croisière depuis les frontières de la France jusqu'à celles du côté de la Galice, dans l'extrême Ouest. Deux de leurs navires devancèrent alors les autres; mais poursuivis par les vaisseaux qui gardaient la côte, ils furent capturés dans un port de la province de Béja. »

L'année suivante, la flotte de l'émir Mohammed leur livrait un combat sur la côte de Sidona; les Vikings perdaient quatre vaisseaux, deux furent brûlés, et les deux autres, chargés de grandes richesses, tombaient au pouvoir des Arabes (1). On peut dire que presque nulle part les Normands ne perdirent autant de vaisseaux que sur les côtes d'Espagne.

Au milieu du siècle, les rois anglo-saxons résolurent de combattre les Normands en pleine mer, et ils obtinrent un résultat très-favorable. En 851, « le roi Athelstan et l'aldorman Ealchere combattant sur des vaisseaux, triomphaient de grandes forces à Kent, s'emparaient de neuf vaisseaux et mettaient le reste en fuite. » « Dans l'été de 875, le roi Alfred allait en mer avec une flotte et combattait l'équipage de sept vaisseaux, opérait la prise d'un navire, et mettait les autres en fuite. » « L'année 882, le roi Alfred sortait avec des vaisseaux contre quatre navires danois et s'emparait de deux d'entre eux après en avoir tué l'équipage; les deux autres vaisseaux, par suite de l'état d'épuisement et de souffrance des guerriers qui les montaient, étaient contraints de se rendre. » « En 835, le roi Alfred envoyait une flotte de Kent à l'Est-Angel. Aussitôt après l'arrivée de la flotte à l'embouchure de Stour, elle rencontrait seize vaisseaux de Vikings contre lesquels elle eut à combattre. Elle remporta la victoire et captura tous les navires en mettant les guerriers hors de combat. Ils retournaient avec leur prise quand ils rencontrèrent une

(1) Dozy, *Recherches sur l'histoire de l'Espagne*, vol. II.

grande flotte des Vikings, livrèrent un combat le même jour, mais cette fois les Danois furent victorieux. » C'est la seule fois, je crois, que des vaisseaux danois aient défait les Anglo-Saxons.

Aussi ce fut une des plus sages mesures du roi Alfred de faire construire des flottes pour résister aux Vikings, et surtout de longs navires d'une meilleure construction que celle des navires danois. Une fois encore, en 897, nous lisons le récit d'une victoire des Anglo-Saxons. En apprenant que six vaisseaux danois pillaient au Sud de l'Angleterre, le roi Alfred envoya contre eux neuf de ses vaisseaux nouvellement lancés. La rencontre eut lieu dans une baie, dont l'entrée fut bloquée par les vaisseaux anglo-saxons. De trois vaisseaux danois qui allèrent au devant de l'ennemi, l'un échappa en prenant la fuite, tandis que les deux autres furent capturés et les guerriers tués. Trois navires danois échouèrent au fond de la baie, et, à marée basse, trois navires d'Alfred furent jetés également sur un côté de la baie et quatre sur l'autre côté. Les guerriers des vaisseaux anglais et danois, naufragés du même côté, engagèrent alors un combat dans lequel soixante-deux Anglais et cent-vingt Danois furent tués. Quand la marée remonta, les Danois surent s'échapper plus vite que l'ennemi, mais l'équipage de ces vaisseaux était tellement diminué et souffrant qu'un seul navire fut en état de tourner le Sud de l'Angleterre; les autres échouèrent à la côte et tous les guerriers furent pendus.

Nous pouvons de même indiquer, par des exemples pris dans l'histoire des règnes francs, combien une flotte aurait pu être utile. On n'ignore pas que, parmi les sujets des rois francs, les Frisons seuls étaient des marins proprement dits. En 885, un flotte danoise avait poussé dans la Saxonie, et les guerriers s'étaient aventurés assez loin des vaisseaux en poursuivant la petite troupe qui leur fit résistance. Tout à coup une flotte de Zélande paraît, composée d'une masse de petits navires Frisons ; ils attaquèrent les Danois sur leurs derrières en même temps que les Saxons les attaquaient de front. Les Vikings furent tous massacrés, et la flotte danoise, chargée d'un bon butin, tomba au pouvoir des Frisons (1).

Nous croyons avoir prouvé que ce n'était pas dans la guerre navale que les Normands remportaient leurs victoires, et nous avons ainsi trouvé l'explication et le sens de ces paroles de Guillaume de La Poule, que les Normands en Italie ne connaissaient pas la guerre navale « (gens Normannorum navalis nescia belli) (2). » Il est facile d'en trouver la cause. Quand les Normands se dispersaient sur toute l'Europe, ils ne trouvaient dans aucun pays une flotte propre à les combattre sur mer. Les Vikings touchaient aux côtes et aux rivages de la mer et des fleuves, ils pillaient et ravageaient à pied ; plus tard ils parcouraient le pays à cheval. Les combats n'ayant jamais lieu à bord, ils n'armaient pas les vaisseaux pour la guerre, mais seulement pour le transport. Ces navires étaient souvent surchargés de mariniers et

(1) Pertz, *Scriptores*, I, 402; *Anglo-Saxon Chronicle*, 885; Dümmler, II, 241.

(2) Muratori, *Scriptores*, V, 265.

manquaient sans doute des armes et des instruments nécessaires à une guerre maritime. Les Normands étaient naturellement beaucoup plus avancés dans la science de la navigation qu'aucun autre peuple d'alors, et leurs infortunes sur mer ne peuvent avoir été causées que parce que le combat sur le pont les prenait à l'improviste, leurs vaisseaux n'y étant pas préparés, ni leurs marins accoutumés.

Ainsi, ce n'est pas à la marine, mais à l'armée qu'on doit les grands exploits des Normands ; il faut donc étudier surtout l'armée et l'art militaire particulier qui y était adapté.

Un autre fait qui nous montre l'armée des Vikings comme une nouvelle phase de l'époque des Normands, c'est que les femmes participent aux expéditions et accompagnent les guerriers. Il nous paraît surprenant qu'on n'ait pas fait attention à cet élément, pourtant si important, pour déterminer le caractère des armées.

Nous trouvons par exemple, en Irlande, des femmes scandinaves dans l'armée, même aux temps les plus reculés. Ainsi, l'épouse de Turgesius, Otta, établit, dit-on, sa salle d'audience sur le grand autel d'une église de couvent (1). Il est dit expressément que, dans le combat entre différentes races scandinaves, à Érin, en 851, tout ce que les Lochlanns possédaient d'or, d'argent, de vaisseaux, et même les femmes, tombèrent au pouvoir des ennemis (2). L'auteur, qui nous dépeint la dévastation du couvent de Me-

(1) *War of the Gaedhil*, 13.

(2) O'Donovan, *Three fragments*, 123.

deshamsted, en Angleterre, en 870, dit que l'armée danoise, sous Gudrum, Ivar et Ubbe, compte « une multitude infinie de femmes et d'enfants » (1); et lorsque le roi Alfred, en 894, s'empara d'un fort de Hasting, ce qui se trouvait derrière ses remparts, et jusqu'aux femmes et aux enfants, tomba aux mains d'Alfred qui emmena les captifs à Londres. L'épouse de Hasting et ses deux fils furent même prisonniers et amenés devant le roi. Plus tard, dans la même année, une grande armée s'assemble ; elle confie ses femmes, ses vaisseaux et son bien aux habitants d'Estangel et part pour Chester (2). Dans les annales de 896, il est raconté que les Danois, avant de quitter leur forteresse, laissèrent les femmes sous la protection des colons d'Estangel (3).

En 873, une grande troupe de Normands suivait la *Loire* jusqu'à Angers, dont elle se rendait maîtresse facilement. Trouvant cette place bien fortifiée par la nature et presque imprenable, les ennemis résolurent de changer de résidence et de quitter les îles de la Loire pour aller s'y fixer avec leurs femmes et leurs enfants (4). Nous voyons donc que l'armée de la Loire

(1) *Scriptores rerum Danicarum*, II, 53 : « Venerunt in ipsa nocte in castra paganorum cæteri Reges de patria... cum suis exercitibus et præda magna nimis, mulierumque ac parvulorum multitudine infinita. »

(2) *Anglo-Saxon Chron.*, 894 : « They took all that there was within, as well money as women and children... they committed their wives and their ships and their chattels to the East Angles. »

(3) The Danish had instrusted their wives to the East Angles.

(4) Pertz, *Scriptores*, I, 585 : « Cum mulieribus et parvulis veluti in ea habitaturi intrant. »

était composée de la même manière que l'armée d'Angleterre. Dans l'armée qui se trouvait devant Paris en 885, nous voyons des milliers de femmes. Abbo nous raconte qu'au commencement du siége une troupe des Normands s'étant approchée des murs de la ville pour lancer des pierres contre les défenseurs, fut accueillie par une telle pluie de substances brûlantes, qu'elle dut rétrograder jusqu'à la rivière, où les femmes accablèrent les fuyards de moqueries et d'injures (1).

Aussi il n'entrait pas dans le caractère des femmes du Nord, célèbres par leur bravoure, leur intrépidité et leur indépendance, de rester à la maison sans participer aux exploits de leurs maris et de leurs frères, et sans profiter et jouir des richesses acquises ! Dans l'histoire de la Normandie d'un temps plus avancé, nous voyons aussi que les épouses ne souhaitaient rien de plus que de partager le sort et les dangers de leurs maris. Jutta de Grentesmesnil, encore jeune fille, partit pour l'Italie avec son frère pour devenir l'épouse de Roger, fils de Tancrède. Au commencement elle avait peur de prendre part aux expéditions de son mari, mais peu à peu, accoutumée au tumulte du combat, quelquefois même souffrant de faim et de fatigue, elle s'habitua à la vie guerrière à un tel point que, pendant l'absence de son mari, elle fut chargée du commandement du château (Traina), mission dans laquelle elle se montra prudente et sage (2). Au commencement du XII^e^ siècle, l'ar-

(1) Abbo, *De bello Parisiaco*, I, v, 121 et suiv. — Pertz, *Scriptores*, II, 781.

(2) Muratori, *Scriptores*, V, 567.

chevêque de Tarragone, en Espagne, chargea le normand Robert Burdet de défendre cette ville. Pendant son absence de la patrie, pour engager des guerriers, son épouse normande, la jeune et belle Sibylle, se chargea du commandement : chaque nuit on la voyait, la cuirasse sur le dos et une baguette à la main, parcourir les remparts et les rues, et exhorter les soldats à se tenir sur leurs gardes contre les ruses ou les attaques soudaines de l'ennemi. « Elle mérite bien des éloges, nous dit Orderic Vital, cette jeune dame qui veillait avec tant de fidélité et d'amour aux intérêts de son époux, et qui gouvernait le peuple de Dieu avec tant de piété, d'assiduité et d'intelligence (1). »

En l'an 1000, lorsque la flotte d'Ethelred allait en Cotentin avec l'ordre de n'épargner personne, tous les hommes de cette contrée prirent les armes, les femmes même se mêlèrent au combat, et, avec le joug de leurs cruches à l'eau, elles écrasaient la tête de maint guerrier anglais (2).

Il est donc vraisemblable que les femmes, dans un temps plus reculé et plus sauvage, ont participé activement au combat comme des « filles à bouclier » (skjoldmœr). Nous en avons une preuve dans le récit suivant de la Russie. Kedren, auteur grec du milieu du XIe siècle, en racontant un combat entre les Grecs et le prince russe Svjatoslav (972), nous dit :

(1) Orderic Vital, V, 12.

(2) Willelmus Gemmet., V, 4 : « Ubi non modo sunt viri fortissimi bellatores sed et feminæ pugnatrices, robustissimos quosque hostium vectibus hydriarum suarum excerebrantes. »

« Quand les Grecs dévalisaient les barbares qui avaient succombé, ils trouvaient beaucoup de femmes vêtues d'habits d'hommes et qui avaient combattu contre les Grecs à côté de leurs maris (1). »

Il est donc ainsi prouvé que les Vikings s'installaient à l'étranger avec leurs épouses et leurs enfants, que les Normands devinrent de vrais émigrants, et qu'une migration des peuples scandinaves eut lieu. Les Vikings s'étaient procuré une nouvelle patrie provisoire à l'étranger. A l'abri des remparts qu'ils avaient bâtis, ou dans une ville qu'ils avaient fortifiée, ou dans quelque île de la mer, ils passaient l'hiver chez leurs épouses et leurs enfants (2). En Russie, les Normands nous sont dépeints de la même manière ; l'hiver, ils se retiraient dans le pays, mais en avril ils allaient de nouveau se livrer à la guerre ou au commerce (3). C'est pour cette raison que les armées normandes ont un aspect tout différent en hiver et en été. Quand l'armée, au printemps, quitte ses cantonnements, elle laisse au

(1) *Georgii Cedreni Historiarum compendium*, II, 406 : « Et Romani, cum barbaris occisis spolia detraherent, inter cadavera etiam mulieres invenerunt virili habito tectas, quæ inter maritos in Romanos pugnaverant. »

(2) Par ex. Prudentius 856 : « Piratæ Danorum ... locum, qui dicitur Fossa Givaldi Sequanæ contiguum stationique munitissimum deligunt, ubi hiemem quieti transigunt. » *Annales Fuldenses*, 880 : « Noviomagum vallo firmissimo et muris circumdantes hiemandi sibi locum in palatio regis paraverunt. » Regino 884 : « Munitionem in eodem loco (Diusburch) more solito construunt et in eo tota hieme resident. »

(3) Const. Porphyrogenetes, *De adm. imp.*, ch. IX.

camp les femmes, les serfs et les richesses. L'Anglo-Saxon Chronicle, en 871, s'exprime ainsi : Après ce combat venait un grand sumerlida à Reading (æfter Thyssum gefeohte com mycel sumerlida to Readingum). C'est évidemment l'armée plus légère dont nous venons de parler, cette « armée d'été » suivie seulement d'un petit train.

Pour bien comprendre la colonisation des pays conquis, il est surtout important de se rappeler ce fait, que les femmes du Nord accompagnaient les armées. Personne n'ose soutenir — ce qu'on a dit pourtant mille fois — que les guerriers normands épousaient les femmes des pays conquis, et qu'ainsi naturellement un changement de nationalité eut lieu très-vite. L'armée qui fit séjour en Angleterre, en Normandie, en Irlande, etc., a notoirement emmené beaucoup de femmes, et il est très-probable qu'après la conquête du pays beaucoup de femmes sont arrivées du Nord. Nous pouvons établir un parallèle entre ce qui se passait au XIe siècle quand les Normands eurent fondé de nouveaux royaumes en Italie. De nombreuses troupes de pères de familles quittèrent la Normandie avec leurs épouses et leurs enfants, les sœurs allèrent chercher leurs frères, et les parents leurs fils parmi les conquérants (1). On ne peut objecter que la conclusion

(1) Rodulfus Glaber (Pertz, *Scriptores*, VII, 63) : « Innumerabilis multitudo etiam cum uxoribus et liberis prosecuta est a patria, de qua egressus fuerat, Rodulfum, non solum permittente sed etiam compellente ut irent, Ricardo illorum Comite. » Cf. Orderic Vital en beaucoup de lieux.

est injuste parce que l'état de choses était tout différent au IXe et au XIe siècle ; car il était au moins aussi facile de traverser l'océan pour arriver aux colonies normandes que de faire le voyage bien incommode et dangereux par terre (c'était la voie commune) jusqu'en Italie ; et d'ailleurs le séjour dans les provinces attaquées ou conquises dans la Méditerranée était au moins aussi dangereux que le séjour dans les colonies scandinaves.

C'est donc aux grandes armées qui se rassemblaient et s'abattaient sur différentes côtes, que nous devons les grandes conquêtes ainsi que la grande influence sur les pays de l'Occident. Nous trouvons ici les devanciers des états normands ; ils nous montrent la colonisation normande à sa naissance, alors que les guerriers menaient encore une vie de Bédouins ou de Nomades et conservaient encore toutes les coutumes de leur patrie.

Du reste, beaucoup d'annales et de chroniques confirment mes vues sur le caractère original et individuel de cet important organe qui s'appelait l'armée. Ainsi nous voyons dans l'Anglo-Saxon Chronicle en 845 : Osric aldorman mid Dorsætum gefuhton wid deniscne *here;* 865 : her sæt hæthen *here* on Tenet ; 866 : com mycel hæthen *here* on Angelcynnes land ; 867 : her for se *here* oft to Eoferwicceastre ; 870, 871, 874, etc., etc. Les Vikings en France sont nommés de la même manière par l'Anglo-Saxon Chronicle 881 : her for se *here* ufur on Francland ; 882 : her for se *here* upp andlang Mæse ufor on Francland, etc.

Dans les sources du continent, cette dénomination

se trouve plus rarement (1) ; nous trouvons cependant dans les anciennes lois Frisonnes « die 17 Küren » que les Frisons ne devaient aller en expédition plus loin vers le Sud, qu'autant qu'ils pouvaient préserver leur pays contre la mer et contre l'armée payenne, « thene hethena here (2). »

Encore plus notoirement que dans les annales, nous trouvons la désignation de l'armée dans les traités entre les Danois et les Anglo-Saxons et dans les lois des Anglo-Saxons. Ainsi, il est dit dans *Alfredes and Gudrumes frid* que « nul homme libre ou roturier doit aller à *l'armée* sans permission spéciale, également personne de *l'armée* à nous » ; dans les lois d'Edgar, IV, 15 : « Jarl Oslac et *toute l'armée* qui demeure dans cet Ealderdom » ; dans les lois d'Ethelred, II, ch. I : « Paix laïque doit être gardée entre le roi Ethelred et tout son peuple et toute *l'armée*... Chaque pays qui protége les Danois qui pillent Angleterre doit être mis hors la loi chez nous et dans *toute l'armée* (3). »

Nous allons étudier comment les parties qui composaient l'armée s'alliaient pour former cette grande corporation, et les personnages auxquels on confiait le commandement de toutes ces troupes.

(1) Cependant, voir par ex. Bouquet, *Historiens*, IX, 118 : « Sacrilegæ Danorum gentis oppressione crudeliter, licet juste invadebatur ab illa classe plurimaque pro sui numerositate (veluti epitheticos loquamur) magnus excercitus ab omnibus dicebatur. »

(2) Richthofen. *Friesische Rechtsquellen*, 18.

(3) Schmid, *Gesetze der Angelsachsen*, 108, 198, 204.

Dudon nous raconte une courte histoire classique, tout à fait dans le style des Sagas, sur une rencontre des Français et des Normands sur la Seine (p. 154). A la question des Français : « Quel est votre chef? » Les Normands répondirent : « Nous n'avons pas de chef, nous sommes tous égaux. » — L'union spontanée de plusieurs chefs de pouvoir égal, parmi lesquels un seul peut être choisi pour le commandement supérieur, telle est en effet la base de la constitution des armées. C'est ce qu'affirme aussi Abbo (I, v, 38) en disant d'un chef des Vikings, qu'il n'était roi que de nom, mais que, pourtant, il commandait à ses camarades :

Solo rex verbo; sociis tamen imperitabat.

Il est plus difficile d'obtenir des renseignements sur les différentes classes qui composaient l'armée, et sur le nombre de ces « égaux » qui formaient le commandement de l'armée, comme aussi de déterminer si l'armée doit être appelée une société aristocratique ou républicaine.

Il est évident que l'armée a été composée de parties bien différentes. Elle s'est formée, tout en progressant, par ce nombre de petites flottes qui couraient la mer au commencement du siècle. Comme nous le voyons dans les annales, plusieurs de ces flottes étaient commandées par des membres de la famille royale à qui la mer. et conséquemment les vaisseaux et l'équipage, étaient échus en héritage.

D'autres flottes se composaient des émigrés de quelque contrée, sous le commandement de l'homme le plus estimé du pays, peut-être le Gode (prêtre). Une chronique irlandaise nous donne ainsi ce renseignement très-précieux qu'une flotte, arrivant à Érin en 860, était commandée par deux hommes d'un rang bien élevé chez les Lochlanns ; le plus âgé était « druide », ce qui, sans doute, signifie gode (1). Les colonies à l'étranger envoyaient aussi leur contingent à l'armée des Vikings. Les vaisseaux qui sortaient séparément de la patrie devaient se joindre à des camarades ; sans doute, un seul navire n'eût pas suffi pour obtenir à son maître le commandement en chef de l'armée. Comme on exigeait, dans la patrie des Scandinaves, que celui qui désirait être l'égal d'un autre commandât une troupe presque égale en nombre à la sienne, de même on exigeait que celui qui prétendait au commandement suprême eût une flotte considérable. En outre, l'art militaire des Normands voulait absolument qu'on se rangeât ainsi en divisions d'égale force.

Mais il fallait du temps et de grands préparatifs pour organiser une telle armée, pour ranger les guerriers et administrer ses provisions. Nous savons ainsi par le récit de Dudon sur Rollon, et aussi de l'« Anglo-Saxon Chronicle », 879-880, que ce chef, avant de descendre sur le continent, passa un hiver en Angleterre pour équiper la flotte et préparer l'armée.

Essayons maintenant de trouver quels sont les différents grades de l'armée.

Les sources de l'étranger nous disent souven

(1) *Three fragments*, 145.

qu'il y avait dans l'armée des Normands plusieurs états (1), mais elles nous donnent rarement des renseignements exacts à ce sujet. Les annales irlandaises mentionnent des rois et des jarls (earls), et la chronique anglo-saxonne nomme trois catégories de chefs dans l'armée, savoir : les rois, les jarls et les holds. Les limites des deux premières classes semblent indécises, de manière que la même personne est tantôt appelée jarl, tantôt roi. Les rois et les jarls sont mentionnés comme les chefs de l'armée ; le hold (paysan propriétaire) est cité (905, 911) comme nom de plusieurs guerriers décédés ; ils étaient sans doute les plus estimés parmi ceux-ci. Cependant des personnes sans titre sont aussi mentionnées parmi les morts. Quoi qu'il en soit, la chronique ne donne que ces trois dénominations, et, dans la classe au-dessous, se trouvent donc certainement les guerriers ordinaires et enfin les paysans ordinaires et les serfs.

Un complément de ces renseignements se trouve dans l'histoire de l'époque fabuleuse chez Saxo le grammairien. Cette époque s'étend cependant sur un très-long espace de temps; il pouvait donc sembler douteux que l'on pût tirer parti de son livre, surtout parce que les dénominations de rang sont très-variables. Cependant, comme je vais prouver par les recherches du chapitre suivant que les lois du roi Frode datent d'environ 900, et qu'elles ont été faites pour l'armée des Vikings à l'étranger, nous ne nous tromperons pas en nous appuyant sur cette collection de loi s.

(1) Pertz, *Scriptores*, I, 518. *Three fragments*, 123.

Selon le § 1 de ces lois, au partage du butin, l'or appartient aux chefs (duces), devant lesquels les drapeaux sont portés dans la bataille; l'argent aux « gregarii milites »; les armes aux « pugiles »; les vaisseaux aux « populares. » La base de la distribution est ainsi la sorte du butin; au partage, tous les guerriers reçoivent des parts égales des objets du même genre, le porte-étendard (primipilus) seul reçoit une part plus grande que les autres.

Les « duces » sont donc les commandants en chef, et Saxo y comprend tous les chefs, soit les rois de mer, soit les jarls ou les « lendermænd » (administrateur des biens royaux), quand ils sont désignés comme des chefs devant lesquels on portait les drapeaux. Selon une autre règle du roi Frode, les funérailles les plus glorieuses, celles d'être brûlé dans son propre navire sur les flots, étaient dues au personnage désigné par les mots « dux aut rex »: aux chefs, soit qu'ils eussent le titre de roi ou de jarl. Nous savons d'ailleurs que c'était une ancienne coutume que les guerriers descendants des princes qui commandaient une flotte portaient le titre de rois, quoiqu'ils n'eussent pas de royaume (1). Quand les enseignes sont portées devant eux, ils sont désignés comme chefs de l'armée; car, comme le dit l'Edda de Snorro, lorsque le roi ou le jarl est absent, l'étendard est porté devant le « herse » ou le « lendermand », et alors ceux-ci deviennent chefs aussi bien que les rois ou les jarls (2).

(1) *Saga* d'Olaf Tryggvason, ch. LVIII. — Snorre, *Saga* d'Olaf le Saint, ch. IV.

(2) *Edda* de Snorre, I, 456.

Au-dessous des rois ou des jarls se trouvent, dans le rang des commandants, le satrapa ou le centurion, qui avait droit aux funérailles de seconde classe, c'est-à-dire qu'il devait être brûlé dans son navire, mais pas à la mer. Satrapa signifie chez Saxo celui qui est chargé d'administrer une province, gouverneur, duc ou jarl.

Par centurio, Saxo comprend le chef d'une division de l'armée. Les funérailles des gubernatores ou des « styrismænd » (pilotes) étaient les mêmes que celles des centuriones, excepté que dix styrismænd sont brûlés sur le même navire.

Le Primipilus est chez Saxo le porte-étendard (merkismand), celui qui porte le fanion de la compagnie. Comme officier, il avait droit à une plus grande part de butin que les soldats (cæterus miles). Dans l'ordre de bataille il était à la tête, et le soldat qui le devançait dans le combat était récompensé (voir le chapitre suivant). La position du porte-enseigne était toujours donnée à un guerrier distingué.

Les simples soldats étaient de deux sortes, les champions (pugiles), hommes libres qui s'étaient appliqués spécialement à l'art militaire (1), et les paysans (agrestes). Au-dessous des uns et des autres se trouvaient les serfs, à qui on confiait les ouvrages les plus simples.

La différence entre les champions et les paysans se montre d'abord en ce que les armes prises en butin étaient données aux champions seuls, pas aux

(1) Cf. Eyrbyggjasaga, ch. XXIX : les Vikings de Jomsbourg furent appelés « champions » (var thar kappi kalladr).

paysans qui n'en avaient pas besoin ; leur métier était d'équiper les navires et de les faire avancer à l'aide des rames et des voiles ; c'est pourquoi les navires du butin étaient donnés aux paysans. La différence de ces deux classes est marquée aussi par les règles sur l'avancement. Le serf qui se distinguait dans la guerre était libre ; le paysan devenait homme noble (illustris), et l'homme illustre ou le champion devenait satrapa.

Il faut se rappeler que selon Saxo il n'y avait que trois états en Danemark, les serfs, le paysan ou l'homme simple (popularis agrestis) et enfin les nobles (nobiles, ingenui, optimates, illustres).

Les nobles se trouvent dans l'armée comme champions, porte-enseignes et chefs. On comptait dans chaque navire beaucoup de champions commandés par le pilote, et les différents vaisseaux s'alliaient sous le centurio ou le satrapa (1). Ce n'est que parmi ces personnes que nous trouvons les commandants en chef ; centurio et satrapa sont donc conformes à la désignation « Jarl » dans l'Anglo-Saxon chronicle (2).

(1) Voir, du reste, mes études sur les classes du peuple dans *Indledning*, p. 282-287.

(2) Nous trouvons chez Saxo encore une autre règle du temps du roi Frode, qui nous donne peut-être des renseignements sur les différentes manières de s'attacher à ces chefs.

Le roi Frode donne la règle suivante sur la solde que devaient donner aux troupes les rois qui étaient sous son pouvoir : « Patrius domesticusque miles » recevraient pendant l'hiver 3 livres d'argent, « gregarius aut conductitius » 2 livres et « privatus ac militiæ laboribus defunctus » 1 livre. Puisque

Comme nous l'avons vu, les annales de l'étranger attribuent le plus souvent le commandement supérieur de l'armée à plusieurs chefs. Ainsi, en 871, l'armée danoise, en Angleterre, était formée de deux divisions : l'une commandée par les deux rois Bagsæc et Halfdene, et l'autre par plusieurs jarls ; dans la bataille, le roi Bagsæc tomba et aussi les jarls Sidroc, Asbjörn, Fræne et Harald. En 875, trois rois sont nommés comme des chefs : Gudrum, Oskytel et Anwind, et aussi dans les autres pays, nous voyons le commandement des Vikings partagé entre plusieurs chefs. Zain et Jargna étaient, par exemple, chefs de la flotte des Lochlanns, en Irlande, et l'annale irlandaise appelle Zain « roi de demi-pouvoir des Lochlanns (1). » Le rapport du chef à l'armée est bien éclairci par les mots de la convention d'Ethelred avec les Danois : « tels sont les accords et la convention que le roi Ethelred et tous ses *Witans* ont faits avec l'armée chez laquelle se trouvaient Anlaf, Justin et Gudmund, fils de Stegitan (2). » Ce

la règle regarde expressément le temps d'hiver, il est très-vraisemblable que nous avons là une règle pour le paiement des soldats quand ils prenaient leur quartier d'hiver. Alors les rois donnaient aux guerriers, qui étaient indépendants et qui se retiraient complètement du service personnel, 1 livre; à ceux qui lui servaient tous les jours, 3 livres, et 2 livres à ceux qui restaient sous les armes comme des guerriers, mais sans rendre service tous les jours. Cf. l'expression de Hincmar, 861 (Pertz, I, 455) : « Quos imminens hiems ingredi mare prohibuit unde se per singulos portus ab ipso loco Parisius usque *secundum suas sodalitates* dividunt. »

(1) *Three fragments*, 123.

(2) Schmid, *Gesetze der Angelsachsen*, p. 204

fait a motivé l'expression de Henri de Huntingdon que les Danois en Northumberland régnaient « *confuse* » ; tantôt il n'y avait qu'un roi, tantôt il y en avait deux ou plusieurs.

Le commandement de l'armée ne semble pas contrôlé par des assemblées de tous les hommes libres ou de tous les nobles. Les chroniques mentionnent seulement que les chefs assistaient au conseil ; aussi, il aurait été peu pratique de chercher des conseils chez toute l'armée, elle aurait perdu ce caractère d'unité, de résolution et de présence d'esprit qui distingue l'art militaire normand.

Ce qui liait tout ce grand corps était l'obéissance sans réserve au supérieur et l'accord sans scrupule parmi les camarades ; car, comme le dit Wace (v. 1179) :

Tuit furent d'un acort è d'une volonté.

Le Normand était d'un esprit opiniâtre plus que personne ; mais quand il s'agissait d'un but commun toute querelle cessait. De même que selon la croyance du Nord toute discorde devait être bannie d'un navire pour que la pêche réussît (1), de même les Normands savaient que, sans l'accord des guerriers, l'entreprise ne peut avoir une bonne issue. Adam de Brême dépeint donc ainsi l'état de la Suède : ils ont des rois d'ancienne origine, dont le pouvoir cependant dépend du jugement du peuple ; ce que tous accor-

(1) *Laxdœlasaga*, ch. XIV. — *Fostrbrœdrasaga B.*, ch. VI. — Cf. Weinhold, *Altnordisches Leben*, 72.

dent, le roi l'affirme, mais quelquefois ils obéissent malgré eux au commandement qu'il donne. C'est pourquoi chez eux tous semblent égaux. Mais à la guerre ils obéissent tous au roi ou à l'homme qu'il met à la tête de l'armée (1). Comparés à ces querelles continuelles et à ces guerres intérieures causées par la jalousie qui dévoraient les États de l'Europe occidentale, l'unité et l'accord de l'armée normande constituent un phénomène caractéristique qui révèle une grande pondération d'esprit et des facultés pour régner et administrer très-remarquables.

Il n'a pas été toujours facile de traiter avec toute l'armée, et l'ennemi a eu bien des difficultés à cet égard. S'il s'agissait de conférences de paix, il fallait que l'accord fût conclu avec tous les chefs qui formaient le commandement en chef. Ainsi à la paix de 882 Godfred se contenta de territoires en Frisonie, pendant que les autres chefs, Sigfred et Vurm, reçurent une grande somme d'argent. Plusieurs de ces violations d'une paix conclue, dont les Normands sont accusés, semblent causés par une lacune du traité qui avait été arrêté. — On voit quelquefois que l'ennemi, en traitant spécialement avec un seul chef, le porte à s'en aller avec ses troupes ou à conclure la paix. Ainsi, en 886, l'évêque Gauzlin de Paris en traitant

(1) IV, 22 : « Itaque domi pares esse gaudent. In proelium euntes omnem præbent obedientiam regi vel ei qui doctior ceteris a rege præfertur. » Cf. Saxo, 190 : « Nam etsi nunc Dani dividuis esse sententiis videantur, unanimes tamen mox excipient hostem. »

spécialement avec le roi Sigfred le détermina à se retirer avec son armée. Sigfred invite ses camarades à faire de même, mais ils ne voulurent pas et il s'en alla donc seul avec ses troupes. Il en résulta que lorsque l'armée normande plus tard fit une convention avec Charles, et que celui-ci lui accorda de cantonner pendant l'hiver en Bourgogne et promit une rançon pour la délivrance de Paris, Sigfred ne regardant pas la paix comme le concernant, remonta la Seine et l'Oise, en portant partout le pillage et la dévastation. —

On voit que les sources ne sont pas fécondes en renseignements sur l'organisation de l'armée normande. J'ai cependant laissé de côté un document par lequel nous pouvons peut-être espérer éclaircir l'étude des états fondés par l'armée des Normands.

Dans un temps plus avancé l'armée servit de modèle à un grand nombre de sociétés de guerriers, de même qu'elle fut la base sur laquelle se formèrent ces états normands qui prirent naissance sur les territoires conquis.

Tout d'abord, l'armée fut le modèle de plusieurs sociétés de guerriers qui adoptèrent une grande partie de ses mœurs et de ses lois, mais en les modifiant d'après les nécessités du temps et d'après les différents buts de ces associations. Ainsi, la célèbre société de Jomsvikings à Jomsbourg, en Poméranie, est évidemment formée sur le modèle de l'armée et des colonies des Vikings. Dans le bourg, toute vie en famille était défendue : ni les femmes, ni les enfants n'y étaient admis. Les Vikings ne désiraient pas conquérir ou gagner des territoires pour eux-mêmes ;

leur but n'était pas de changer leur manière de vivre ou de devenir, après un nombre d'exploits suffisants, des cultivateurs paisibles du sol. Ils étaient prêts à se mettre au service des princes, mais sans quitter leur ancienne société et sans entrer en ce service pendant la paix qu'ils aimaient si peu.

L'armée et la société de Jomsvikings furent aussi le modèle de Tinglid ou Tingmannalid, cette illustre corporation dont l'organisation date du temps du roi Kanut le Grand, mais dont l'origine est plus ancienne. C'était une société de guerriers sous une loi commune parmi les règles de laquelle on en trouve plusieurs empruntées aux lois de Jomsvikings ou au moins analogues à celles-ci.

De pareilles sociétés continuèrent à se former dans le cours du temps. Ainsi, la société de Væringues à Constantinople et les républiques établies au commencement de la conquête normande de l'Italie que nous allons mentionner bientôt se sont formées sur cette même base.

Ces sociétés, ainsi établies sur le modèle de l'armée, peuvent nous aider, quant aux détails, dans nos recherches sur l'organisation de l'armée. Ainsi, c'est un trait caractéristique que Tingmannalid, aussi bien que la Société à Jomsbourg, étaient basés sur une union spontanée sous cette loi commune qui organisait toute la société des guerriers. Il n'est pas douteux que l'armée des Normands n'ait possédé des lois semblables auxquelles il fallait se soumettre sans réserve. Les exploits de l'armée portent l'empreinte de faits accomplis « uno tenore », ses actions témoignent des règles fixes qui se retrouvent dans plusieurs pays à des époques différentes et il semble évident qu'une telle société a eu une constitution formulée dans une loi. Il est possible que cette loi soit perdue, mais elle doit avoir existé. — Les dites sociétés se distinguent cependant de l'armée en plusieurs points. Elles sont composées de parties moins hétérogènes; leur constitution avait un caractère plus républicain; leur but était beaucoup plus restreint.

Observons maintenant les états normands établis dans les pays conquis. — Nous trouvons d'abord l'empire russe établi au milieu du IXe siècle. Nous y rencontrons un prince entouré d'une grande suite de guerriers qu'il consulte toujours dans les cas importants. Ainsi, Igor demande conseil à sa suite quand les ambassadeurs de l'empereur grec viennent lui offrir un tribut, pour savoir si les Russes doivent abandonner leur expédition projetée en Grèce, et les Bojares (les nobles) conseillent au prince d'accepter la proposition qui lui est faite. La position de ces nobles est éclairée par cette réplique de Svjatoslav, lorsque sa mère Olga lui eut demandé d'embrasser la foi chrétienne : « Comment pourrais-je seul embrasser une religion étrangère ? Mes gens se moqueraient de moi. » Il est aussi à noter que, dans les conventions entre les Russes et les Grecs, les Bojares russes sont placés presque au niveau des princes. Le traité d'Oleg commence ainsi : « Nous, de la nation russe, Karl, Inegeld, Pharloph, etc., députés par Oleg, le grand prince russe, et par les très-illustres grands princes et grands boyards qui sont sous ses ordres..., suivant la volonté de notre grand prince et l'ordre de tous les Russes qui sont sous sa domination. » De même manière le traité d'Igor : « Nous Ivan, de nation russe, député mandataire du grand prince Igor, assisté de Phuévast, fils de Svjatoslav, serviteur de la princesse Olga, etc..., tous députés par Igor, le grand prince et les autres knès de Russie, ainsi que par tous les habitans dudit pays. »

La plus ancienne constitution russe nous montre ainsi une organisation analogue à celle de l'armée normande. Le pouvoir du prince est limité par celui de tous les autres chefs qui, avec leur suite de guerriers, lui avaient prêté assistance dans la conquête du pays et qui l'assistaient encore pour le garder. Ils lui obéissent parce qu'ils l'ont investi du plus grand pouvoir ; ils permettent que son fils hérite de ses droits ; mais son administration doit être conforme à leurs projets et à leurs désirs, car en réalité il n'est que leur égal, et s'ils devenaient mécontents, ils choisiraient un autre roi. La constitution n'est donc pas du tout républicaine, mais aristocratique ; ce n'est pas le peuple entier, mais ce sont les Bojares, les chefs des troupes de guerriers, qui font prévaloir leur volonté.

En Islande un état se formait aussi à cette époque, mais son origine était différente de toutes les autres colonies normandes, trop différente pour qu'elle entre en considération ici. L'Islande n'était pas une île qu'il fallait conquérir par les armes, mais une île inhabitée jusqu'alors, et les colons n'avaient pas formé une armée et n'étaient pas soumis aux lois communes. Il est très-naturel que, dans ces circonstances, on ait conservé beaucoup plus de la constitution de la mère-patrie que dans toutes les colonies conquises par des troupes de guerriers ou par l'armée. Nous notons cependant que l'état d'Islande nous montre aussi une constitution aristocratique.

Voyons maintenant les états établis par les Normands dans l'Europe occidentale, où ils trouvent le droit féodal, rençontre de la plus haute importance dans l'histoire universelle.

C'est une vérité incontestable que les Normands ont eu le grand mérite d'avoir fait du droit féodal un édifice complet qui a tenu ferme presque pendant un espace de mille ans, en substituant d'une manière très-originale les principes féodaux qu'ils trouvaient à l'Occident à un système beaucoup plus riche, quoique plus uniforme. Il est aussi certain que les Normands ont exercé une propagande des plus actives en faveur des principes féodaux et que partout où ils ont mis le pied, en Angleterre, en Italie comme en Orient, ils ont importé et introduit le système féodal.

On y ajoute cependant souvent cette autre thèse que les Scandinaves avaient adopté le droit féodal et ses différentes lois avec une vitesse étonnante, de sorte que les Normands, une ou deux générations après leur vie comme Vikings indépendants et libres, se seraient rangés comme des serviteurs obéissants sous les gouvernements monarchiques et sous le droit féodal. Cette appréciation se trouve chez presque tous les auteurs de l'histoire des Normands; selon moi, elle est tout à fait fausse.

On peut distinguer et il faut absolument distinguer entre le temps où les Normands observaient cette seule règle oligarchique-aristocratique : « nous sommes tous égaux », et s'opposaient opiniâtrement à la royauté, même quand le pouvoir du roi était restreint par un conseil puissant, et cette autre époque où les Normands adoptèrent le gouvernement féodal suivant le modèle français, modifié pourtant par eux d'une manière caractéristique. Ils regardaient alors cette forme d'état comme la meilleure pour un peuple devenu propriétaire, mais qui, cependant, laissait l'homme guerrier selon son idéal.

Examinons à cet égard l'histoire ancienne de la constitution de la Normandie.

En 912, lorsque l'armée normande prit possession de la province de Neustrie, dont elle avait déjà longtemps occupé une partie, la question se présenta naturellement, si l'ancienne constitution devait être gardée, si c'était toujours l'armée qui possédait le pays ou si on avait le dessein d'établir un gouvernement d'après le modèle français. Car c'est un fait assez certain qu'avant la cession de la Neustrie, Rollon était seulement un des chefs de l'armée. On voit déjà dans le récit de Dudon, comme je l'ai démontré plus haut, qu'il y avait à son côté plusieurs chefs de même rang. Aussi, les annales françaises ne lui donnent-elles d'autre grade. Frodoard dit que le pays fut cédé aux « Normands » (1), et un diplôme de Charles le Simple après la cession du duché nomme comme possesseurs de la Neustrie « les Normands de la Seine, savoir Rollon et ses compagnons (2). »

(1) Bouquet, *Historiens de France*, VIII, 163.

(2) Bouquet, IX, 533 : « Quam annuimus Nortmannis Sequa-

Ce n'est que depuis 926 et 928 que Frodoard mentionne Rollon comme « princeps eorum. »

Il est assez naturel que les Normands et les Français aient compris la cession de la province française d'une manière différente. Sans doute le roi français a pensé que les Normands devaient posséder le pays comme une province appartenant au roi d'après les règles féodales. Nous en trouvons peut-être une affirmation dans l'anecdote sur le roi Charles, qui demanda à Rollon qu'il baisât son pied comme étant son vassal. Le fier guerrier ne voulait pas y condescendre ; à son signe un de ses guerriers fit cet acte, mais en levant le pied du prince si haut que celui-ci tomba à la renverse. Cependant il ne semble pas qu'on ait stipulé un service spécial des Normands (1), en tous cas le duché n'a pas reçu une dénomination spéciale, car pendant tout le siècle qui suivit la cession, la désignation du prince normand lui-même était très-vacillante ; tantôt il fut appelé « dux, protector, patritius, comes, rector », tantôt « princeps et marchio »; comes semble cependant être le titre officiel et le plus fréquemment employé (2). Plus tard, « dux » était reconnu comme étant la vraie

nensibus videl. Rolloni suisque comitibus pro tutela regni. » Cf. Waitz, dans *Nachrichten von der K. Gesellschaft d. Wiss. in Gœttingen*, 1866, p. 85.

(1) Hugo de Fleury (Bouquet, VIII, 318) : « dans illi jure beneficii. » Dudon, p. 168 : « quasi fundum et alodum in sempiternum »; 169 : « in alodo et in fundo. » *Histoire des ducs de Norm.*, éd. Michel, p. 13 : en franc-fief et en franc-alués sans service faire. Cf. Waitz, *l. c.*

(2) Lappenberg, *Geschichte*, II, 18.

désignation. Les autres chefs continuent à jouer leur rôle comme conseillers du prince. Ainsi les premiers ducs communiquent à leurs compagnons toutes les affaires d'état (1), et ils les consultent sur les questions importantes (2). Ce titre de « senior » que Dudon donne souvent au duc semble donc très-juste.

Immédiatement après son baptême Rollon partagea les terres entre les chefs de sa suite, et il est hors de doute qu'ils reçurent leurs parts comme propriété perpétuelle sans autre devoir que celui d'aider Rollon à la défense du pays. Ce qui se passait n'était qu'une répétition de ce qui avait eu lieu en 876 en Northumberland lorsque Halfdan « partageait » le pays, et lorsque « l'armée le labourait et le semait, ainsi qu'en 877 en Mercia, lorsque l'armée partageait une partie du pays et cédait une autre partie à Ceolwulf, et en 880 lorsque l'armée allait à l'Est-Angle et le « gedœlde » se partageait. Les chefs, à qui la terre fut ainsi donnée, l'ont divisée sans doute de nouveau entre les personnes de leur suite.

Le moine de St-Vandrille raconte, de son côté, que la distribution se faisait en tirant au sort, et ce pro-

(1) Dudon, p. 173 : « Robertidæ comites .. dixerunt .. cur nobis, quod Karolidæ tibi dixerunt, non innotuisti? » 182 : Tunc Rollo principibus convocatis secretius dixit, etc. »

(2) Dudon, p. 183 : « Audiens autem, Willelmus dux Dacorum, hujus Britannicæ legationis mandatum, convocat principes Northmannorum istius rei causa ad consulendum. » 185 : « Consultis Dacorum principibus super his rebus. » 187 : « Accersitis principibus suis consulturus super talibus mandatis. » 188 : « Mandat vobis, ut honorem totius patriæ secum communicetis suoque in concilio primi et præmaximi cunctis præcellatis. » 189 : « Convocatis principibus. »

cédé s'accorde bien avec la position des chefs comme pairs. Dudon se sert ici de l'expression : « Illam terram suis fidelibus funiculo divisit. » Tous les savants qui ont traité cette question – Suhm, Depping, Augustin Thierry, Licquet, Munch, Worsaae, Waitz, — interprètent la phrase de cette manière, que Rollon fit arpenter la terre au cordeau, selon l'ancienne manière danoise. Cette interprétation me semble fausse, et puisque le passage a dû servir d'argument dans un grand nombre de cas, il semble nécessaire de l'examiner à fond.

Les paroles mêmes de Dudon éveillent les premiers scrupules contre l'interprétation usuelle, car Dudon n'attache pas le mot « funiculo » au mesurage (metiri), mais à la division (dividere) (1). Ensuite je ne comprends pas comment l'arpentage danois eut pu être fait à cette occasion ; car ce procédé regarde toujours les rapports intérieurs d'un seul village et la division en petites parcelles ; c'est de plus une distribution par taxation et avec la conservation d'une certaine communauté—bref un système spécial et tout à fait technique, dont il me semble impossible que Rollon se soit servi en distribuant les grandes contrées de la province entre les chefs. D'ailleurs comment taxer

(1) Dudon, p. 170 : « Antequam dividatur terra meis principibus. » 171 : « Octavo die expiationis ejus, vestimentis chrismalibus vel baptismalibus exutus, cœpit metiri terram verbis suis comitibus, atque largiri fidelibus... Securitatem omnibus gentibus in sua terra manere cupientibus fecit. Illam terram suis fidelibus funiculo divisit, universamque diu desertam reædificavit. » — Du reste, la signification de « verbis » me semble obscure ; il faut sans doute corriger ce mot.

ces terres de Neustrie, qui depuis longtemps n'avaient pas été cultivées. Tout au plus pourrait-on dire qu'une corde avait été employée à la division et que Dudon en avait fait la remarque parce que c'était une coutume danoise qui différait de la coutume française.

On a dit aussi que la corde est particulière aux Danois comme moyen de mesurer. Ainsi M. Olufsen a invoqué cette ancienne donnée de l'abbé Suger: « Castrum Gisortium..... antiquo fune geometricali Francorum et Danorum concorditer metito collimitat. » Probablement c'est cette circonstance d'avoir employé une corde qui a surpris l'abbé Suger ou les Français ; car c'est sans doute une ancienne coutume spéciale danoise d'arpenter la terre avec une corde; les Romains, et après eux les peuples du Sud, se servaient d'un bâton (1).

Cependant il me semble que l'abbé Suger *dit que* les Français et aussi les Danois mesuraient avec une corde, et il est certain aussi que d'autres nations se servaient de la corde au mesurage (2), tandis que les Danois en Normandie semblent avoir employé le bâton (pertica) et non la corde (3).

L'interprétation des paroles de Dudon est donc très-difficile, et aucun des autres auteurs anciens

(1) K. D. *Videnskabernes Selskabs philosophiske og historiske Afhandlinger*, I, 296.

(2) Voir, par exemple, Helmold, I, 83 : « Comes fecit mensurari terram funiculo brevi et nostratibus incognito. »

(3) Voir L. Delisle, *Condition de la classe agricole*, p. 530. Pourtant « funiculus » et « funis » employés pour mesurer, se trouvent chez Guill. de Jumièges, VIII, 15; Duchesne, 300 C.

ne peut nous y aider. Guillaume de Jumiéges adopte textuellement la phrase de Dudon, et le récit de Wace et de Benoît porte si bien l'empreinte d'un temps plus moderne qu'on croirait Rollon un souverain du XII° siècle distribuant des fiefs à ses vassaux.

Selon moi, la signification de « funiculo divisit » est justement la même que celle de l'anglo-saxon « gedœlde » : Rollon fit partager le pays en parties égales, qui furent distribuées au sort entre les chefs de sa suite. Plus tard, dans un autre endroit de l'histoire de Dudon, Rollon dit à ses chefs : « Terra quam sorte dedi vobis » (1), ce qui certainement veut dire la même chose que « auspicio sortium » dans la chronique de St-Vandrille (2); et puisque Dudon n'a pas mentionné qu'on tirait au sort, sinon par l'expression « funiculo divisit », on peut en conclure que c'est justement le sens de ces deux mots. La signification que nous attribuons à ces mots qui n'implique pas l'emploi de la corde, résulte de ces parallèles : Guillaume de Jumiéges, VIII, 15 : « Ex qua genuit duos filios, Willelmum de Britolio, qui post decessum eius terram, quam habebat in Normannia, habuit; et Rogerium, cui comitatus Herefordi funiculo distributionis evenit. » Puisque l'un des fils reçoit les possessions normandes et l'autre celles de l'Angleterre, l'auteur ne peut pas parler d'un partage par la corde. Helmold, *Chron. sclav.*, I, 91 : « Heinricus comes de Racesburg... adduxit multitudinem populorum de Westfalia, ut incolerent terram

(1) Dudo, 182 (91 D).
(2) Bouquet, IX, 3.

Polaborum et divisit eis terram in funiculo distributionis. »

Voici maintenant la raison de cette explication : « funiculus » se trouve très-fréquemment dans la Vulgate, et surtout dans l'Ancien-Testament ; il a dû représenter les différentes significations du mot hébraïque « kebel », qui signifie la corde et aussi la portion mesurée par la corde ; voir ainsi le psaume 77 : « Ejecit a facie eorum gentes et sorte divisit eis terram in funiculo distributionis » ; 104 : « Tibi dabo terram Chanaan funiculum hereditatis vestræ. » Au moyen âge, les auteurs ont adopté « funiculus » comme expression usuelle dans ces différentes significations, cf. p. ex. Pertz, *Scriptores*, I, 588 : « Funiculo hæreditatis divinitus sibi collato pacifice frui » ; XXI, 99 : « Contentus funiculo portionis sibi permisse. » — Il en résulte que Dudon, par « funiculo divisit », n'a pas pensé spécialement à une corde comme mesure. Son récit est empreint du style de l'Ancien-Testament, il a décrit comment à chacun des sept jours que durait le baptême, Rollon donna des terres à quelque institution religieuse ; pour décrire l'action du huitième jour, il se sert de la phrase de la Bible.

Dudon ne mentionne pas que Rollon ait reçu une partie spéciale de la terre pour lui, mais il semble évident qu'il ne peut pas avoir reçu moins que ses pairs, et Gaufred Malaterra dit expressément qu'avant la distribution Rollon se réserva quelques grandes possessions (1).

(1) Liber I, ch. II : « Inter suos, prout convenire cognoscebat, distribuit pretiosiora quæque pro suis usibus reservans. »

On peut donc caractériser ainsi l'administration normande à la mort de Rollon; le duc gouvernait le pays comme prince indépendant des Français, il avait à son côté un conseil dont les membres se sentaient presque aussi puissants que le prince lui-même, ce que prouve aussi la révolte qui éclata sous Guillaume, fils de Rollon.

Personne n'ignore que l'augmentation du territoire gouverné augmente fatalement le pouvoir du prince. Les grands seigneurs normands, qui se regardaient comme les pairs du prince, avaient naturellement une grande crainte que, par des guerres victorieuses ou par des alliances à l'étranger, le roi ne s'élevât au-dessus d'eux. Immédiatement après la mort de Rollon, les Bretons s'étaient révoltés, et ils furent assujettis. En 933, Guillaume avait obtenu du roi Rudolphe la donation ou au moins la confirmation de la possession de « terra Brittonum, » district de la côte de Bretagne; quoique son duché ne s'étendît pas sur ces nouvelles contrées, il semble qu'il ait obtenu plus de pouvoir sur celles-ci; le peuple était devenu plus que tributaire. Enfin Guillaume s'était allié à des princes français. L'esprit de liberté scandinave commença alors à s'émouvoir, surtout chez les peuples du Bessin et du Cotentin. Riulf, le scandinave, incite quelques autres seigneurs de même origine à la révolte. Il leur démontre que Guillaume, leur « senior », pourrait profiter de ses rapports avec la France pour expulser les Danois de la Normandie et y faire entrer des étrangers; quant à ceux qui resteraient dans le pays, il les mettrait certainement sous le joug de l'esclavage. On devait donc aller chercher Guillaume et lui demander la cession du pays à l'Ouest de la Risle ; on pouvait y gagner un nombre considérable de guerriers. « Alors, ajoutait-il, nous deviendrons plus puissants que lui en richesse et en pouvoir ; il ne nous sera supérieur que de nom (1). »

Nous trouvons ici l'ancienne maxime : « Nous sommes tous égaux de pouvoir, » et « par son titre seul le roi se distingue des autres princes du pays. » Cette idée se rencontre plus tard avec une expression encore plus caractéristique. Guillaume, essayant de réconcilier les mécontents, leur avait promis les contrées demandées, même le pays jusqu'à la Seine. Cependant les conspirateurs étaient devenus si arrogants que non-seulement ils refusaient son offre, mais répondaient à ses envoyés : « Le pays qu'il nous promet, il ne peut pas le donner, car personne ne peut donner ce qu'il ne possède pas (2). » Ainsi il est évident que les chefs scandinaves se regardaient comme aussi puissants et comme aussi bien autorisés à gouverner le pays que le prince, et cette révolte n'est, au fond, rien autre chose qu'une lutte contre la monarchie commençante (3).

Cependant les rebelles n'obtenaient pas la réalisation de leurs plans. Les autres chefs danois reconnaissaient que la constitution devait se transformer

(1) Dudon, 187 : « Hincque potentiores eo erimus fortuna et virtute, ille tantum nobis nomine. »

(2) Dudon, 189 : « Terra vero, quam repromittit nobis, dono ejus non dabitur, quia dari non potest, quod non habetur. »

(3) Lappenberg (*Geschichte*, II, 22) n'a pas compris le caractère de cette révolte. Voir le récit de Licquet (I, 108) et surtout Lair (p 79 et suiv.).

du moment où le peuple ne formait plus une armée de guerriers, et que l'existence de la province exigeait une constitution qui cadrât mieux avec les autres parties du gouvernement français. Ces hommes provoquaient Guillaume à tenter un combat, ils les menaçaient même de retourner en Danemark, s'il ne prenait les armes. Guillaume alla donc combattre les rebelles, et il les battit. Ainsi le duché fut fondé de nouveau, et Guillaume vécut quelque temps en paix jusqu'à ce qu'il expiât par la perte de la vie sa victoire. Car, selon les sources, il est hors de doute que plusieurs des grands seigneurs normands participèrent à la conspiration qui amena la mort de Guillaume, et les chroniques indiquent même que ces hommes vengeaient ainsi le tort souffert par eux dans la première révolte (1).

Quand Guillaume fut assassiné, son fils Richard n'avait que dix ans. D'après les règles féodales, le roi français avait le droit de gouverner le fief et de prendre soin de l'éducation de l'héritier mineur. Voilà donc le moment où l'on va pouvoir distinguer si le duché avait une position spéciale dans le royaume français, ou s'il suivait les règles ordinaires des fiefs. Louis alla à Rouen y déclarer ses droits ; deux administrateurs, un Français et un Normand, furent installés pour gouverner le pays, et le jeune Richard fut envoyé en France pour y faire son éducation. Cette ingérence des Français ranima cependant le mécontentement des Normands encore païens; une révolte éclate sous le Normand Thurmod, retombé

(1) Lair, p. 84-85.

dans le paganisme. Plus tard le jeune prince s'enfuit de France, et la guerre commence. Le roi Harald à la dent bleue est appelé à son secours et Louis essuie une défaite. — Tout cet épisode porte l'empreinte de l'esprit de liberté des Scandinaves et de leur résistance à l'ingérence des étrangers. Nous voyons combien d'éléments païens se conservaient encore dans le pays ; nous remarquons, en outre, avec surprise, que déjà le peuple du duché s'est formé en une unité, car toutes les contrées du pays s'accordent à résister au roi français ; elles sont également zélées pour le jeune prince.

Pour éclaircir la question de l'introduction du droit féodal en Normandie, la révolte de paysans qui éclata dans les premières années du règne de Richard II est évidemment de haute importance. Nous regrettons que les sources soient si pauvres, car à vrai dire nous ne possédons que le récit de Guillaume de Jumiéges. Il est vrai que le roman de Rou et Benoît nous dépeignent aussi cette révolte (1), mais d'une manière bien différente de celle de Guillaume et modernisée, à tel point que le récit nous montre très-bien l'état des paysans au XII<sup>e</sup> siècle, mais non leur état à l'époque indiquée. Il est cependant certain que le soulèvement était causé par l'indignation des paysans au sujet des contributions féodales. Il faudrait seulement savoir si c'était une résistance contre une loi nouvellement promulguée ou contre l'application trop rigoureuse des lois antérieures. Il me semble que les paroles de Guillaume de Jumiéges tranchent la

(1) Wace, I, 303. — Benoît, II, 389 et suiv.

question : les paysans avaient résolu de vivre à leur convenance, ils voulaient eux-mêmes se donner des règles sur l'usage des forêts et des eaux dont jusqu'alors aucune loi ne les avait privés (1). Cette révolte s'était étendue secrètement sur toute la Normandie, on allait justement envoyer les députés des différentes contrées à un congrès général dans le centre du pays, lorsque la conspiration fut découverte, les députés saisis et punis avec cruauté. Ainsi Guillaume semble nous dire que les paysans se révoltaient contre un nouveau mandement; cependant il n'est pas vraisemblable que l'on ait introduit tout d'un coup en Normandie les coutumes et les taxes féodales des provinces voisines; nous pouvons même en trouver quelques-unes à une époque antérieure à la sédition. Sans doute il a existé différentes règles dans les diverses contrées de la province, peuplées plus ou moins par les colons Danois ; les Scandinaves nouvellement arrivés se sont obstinés le plus longtemps contre la dépendance féodale; enfin on a essayé d'introduire ces règles partout, et alors la résistance s'est ranimée.

On peut donc supposer que, dès le commencement du XIe siècle, les principes féodaux étaient introduits dans tous les États. Cependant il est naturel que les Normands ne se soient accoutumés que lentement à ces formes sévères, et qu'ils n'aient

(1) Will. Gemmet., V, 2 : « Juxta suos libitus vivere decernebant. Quatenus tam in syluarum compendiis quam in aquarum commerciis nullo obsistente ante statuti juris obice legibus uterentur suis. »

su que graduellement transformer la féodalité autour d'eux en un système qui convenait à leur esprit et à leur but. Si nous étudions la fondation des États des Normands dans l'Italie méridionale, il devient évident que, même au commencement du XIe siècle, les Normands avaient un idéal d'État qui laissait à l'individu une indépendance et une liberté beaucoup plus grande et qui se basait sur les principes d'égalité de l'époque des Vikings. Nous ne pouvons pas ici raconter en détail leurs combats et leurs conquêtes en Italie (1). Nous notons seulement que la première fois que les Normands se présentent comme guerriers indépendants et non pas comme les soldats d'un prince étranger, c'est en 1043, après avoir remporté leur victoire glorieuse sur les Grecs; et alors ils s'établissent à leur guise dans l'*Italie* méridionale.

Ils introduisirent donc dans la région conquise une constitution basée sur les principes normands : « Nous sommes tous égaux », et : « Un de nous doit être chef, mais seulement de titre. » On ne divisa pas le pays conquis, mais les douze chefs les plus puissants des troupes normandes le gouvernaient ensemble. Guillaume au bras de fer fut élu *primus inter pares ;* son frère Drogo hérita plus tard de son titre. Melfi devint leur capitale, et la ville fut administrée de manière qu'elle indiquât clairement l'égalité des douze chefs;

(1) Cf. Gauttier d'Arc, *Histoire des conquêtes des Normands en Italie*, vol. I. — Amari, *Storia dei Musulmani di Sicilia*, vol. III.

chacun d'eux reçut une partie de la ville pour lui-même, et on y bâtit sa demeure (1).

Cette constitution fut cependant changée après peu de temps, de sorte qu'ils partagèrent le pays conquis comme ils avaient partagé Melfi (2). Le pays fut divisé en douze districts avec leurs capitales, et chaque chef reçut sa part du pays pour y régner avec sa suite. Ils portaient tous le titre de comte et leur pouvoir était héréditaire; du reste, il ne semble pas qu'ils aient dû donner des aides ou autres redevances à celui qui était le premier d'entre eux. Melfi était le centre et la possession commune de tous. — Il n'y a pas de doute que le partage n'ait eu lieu au sort. Voici encore une fois une armée normande qui « gedœlde » un pays conquis !

Après une vingtaine d'années eut lieu le même changement qui avait transformé les autres états normands. Peu à peu, les Normands ont reconnu qu'un état monarchique avec une constitution féodale

(1) Guill. Appulus (Muratori, *Scriptores*, V, 256) : « Pro numero comitum bis sex statuere plateas atque domus comitum totidem fabricantur in urbe. »

(2) Muratori, V, 255-256 :

. . . . Numero cum viribus aucto
Omnes conveniunt et bis sex nobiliores,
Quos genus et gravitas morum decorabat et ætas,
Elegere duces : provectis ad comitatum
His alii parent; comitatus nomen honoris,
Quo donantur erat. Hi totas undique terras
Divisere sibi, ni sors inimica repugnet,
Singula proponunt loca, quæ contingere sorte
Cuique duci debent et quæque tributa locorum.
Hac ad bella simul festinant conditione.

était le système de gouvernement le plus pratique. Trente ans après ledit partage, le premier, parmi les comtes de la Pouille, était promu au titre de duc, et les pouvoirs afférents à ce titre lui étaient dévolus.

Il est cependant certain que l'état féodal monarchique, en Italie, ne sortit que lentement de la constitution nationale à laquelle les Normands étaient attachés. A ce propos, je dois citer un fait qui prouve que les chefs se soumirent à contre-cœur aux devoirs du droit féodal. Un prince lombard demanda à Robert Guiscard sa fille en mariage pour son fils (1079), et lorsque Robert eut consulté ses guerriers, le mariage fut conclu et le temps des noces fixé. Mais alors Robert demanda des « aides » à ses vassaux; cette réclamation indisposa les chefs au plus haut degré. Ils virent avec irritation qu'un tribut leur était imposé; ils conçurent même des projets de révolte. Enfin, ils se réconcilièrent, et les « aides » furent donnés (1). Ce détail est caractéristique et suffit à montrer que les Normands avaient conservé à cette date l'ancien esprit de liberté et les anciennes idées sur la meilleure constitution de l'État.

(1) Muratori, V, 267.

## VIII.

### LES LOIS DU ROI FRODE.

**Sommaire : Frode le Pacifique et ses lois. — Elles sont faites à l'étranger et pour l'armée. — L'essence s'en retrouve chez les Vikings et chez les peuples normands en Russie, en Angleterre et en France. — Une partie de ces lois sont identiques aux lois de Rollon pour la Normandie. — La tradition rapproche ces deux héros d'une autre manière, en leur attribuant la fable sur les anneaux d'or comme signe de paix.**

Le roi Frode III, le Pacifique, est le roi le plus célèbre de l'époque fabuleuse en Danemark ; il est glorieux par les exploits de la paix et de la guerre. Il livra de terribles combats à l'Est et à l'Ouest de l'Europe, et la victoire suivit partout ses armes ; de sorte qu'il put installer des rois à Holmgaard et à *Kœnugaard* (en Russie), en Estonie et en Saxonie, en Laponie, en Norwége et dans les Orcades, en somme 220 rois se trouvèrent sous son sceptre. Aussi le roi Frode fut-il le législateur le plus célèbre de l'antiquité ; il introduisit des institutions danoises dans les pays conquis (par exemple, en Norwége et en Russie), et il fit beaucoup de lois pour ses armées à l'étranger comme pour les citoyens de la patrie.

Saxo nous parle ainsi de ses lois (p. 225-230) :

« Rex recentis victoriæ titulis evectus, ne justitia quam armis defectior videretur, novis exercitum legibus formare constituit, quarum præsens quasdam ritus usurpat, quasdam arbitraria juris novitas abolevit. [§ 1] Edixit enim, ut primipilus quisque, prædæ partitione facta, majorem cœtero milite portionem acciperet; ducibus vero, quibus in acie signa anteferri solerent, dignitatis causa captivum concessit aurum. Gregarium vero militem argento voluit esse contentum. Arma ad pugiles redundare, captiva navigia popularibus cedere jussit, utpote eis debita, quibus condendi rates instruendique jus esset. [§ 2] Præterea sanxit, ne quis rem familiarem seris mandare præsumeret, duplum ex fisco regis amissorum pretium recepturus. Quam si quis arcarum claustris observandam duxisset, aureæ libræ regi debitor fieret. [§ 3] Statuit etiam, ut in eum, qui furi ignosceret, furti pœna recideret. [§ 4] Præterea, si quis in acie primus fugam capesseret, a communi jure alienus existeret. [§ 5] At ubi in Daniam rediit, ut quicquid Grep sinistra morum usurpatione corruperat, bonis artibus expiaret, arbitrariam fœminis nubendi potestatem indulsit, ne qua tori coactio fieret. Itaque lege cavit, ut eis in matrimonium cederent, quibus inconsulto patre nupsissent. [§ 6] At si libera concisset in servum, ejus conditionem æquaret, libertatisque beneficio spoliata servilis fortunæ statum indueret. [§ 7] Maribus quoque, quamcunque primitus cognovissent, ducendi legem inflixit. [§ 8] Adulteros a veris conjugibus corporum parte spoliandos constituit, quo minus continentia flagitiis elideretur. [§ 9] Edixit quoque, ut, si Danus Dano rapinam infligeret, duplum rependeret ac violatæ pacis crimine censeretur. [§ 10] At si quis rem furto quæsitam ad alienam domum perferret, hospesque post illum ædis suæ fores obcluderet, bonorum omnium pænam incurreret atque in concione coram omnibus vapularet, quod se eidem delicto obnoxium fecisse videretur. [§ 11] Præterea, quisquis exulum patriæ suæ hostis evaderet, aut inimicum civibus scutum afferret, rerum ac vitæ periculo pœnas lueret. [§ 12] Si quis autem ad exequendum regis imperium ob animi contumaciam piger existeret, exilio mulctaretur. Solebat namque sagitta lignea ferreæ speciem habens nuntii loco viritim per omnes mitti, quoties repentina belli necessitas incidisset. [§ 13] Qui vero ex popularibus primipilum in acie anteiret, ex servo liber, ex agresti illustris evaderet. At si ingenuus foret, satrapa crearetur. Tanta olim audaces stipendia merebantur. Adeo veteres nobilitatem fortitudine tribuendam putabant. Siquidem non fortunæ virtutem, sed virtuti fortunam deferri oportere, existimatum est. [§ 14] Præcepit quoque, ne lis ulla jurisjurandi fide aut pignerum positione contraheretur; qui vero alium pignus secum ponere jussisset, eidem aureæ libræ dimidium solveret; alioqui gravem corporis mulctam subiret. Providerat enim rex, ex pignerum positione maximas litium causas incidere posse. De qualibet vero controversia ferro decerni sanxit, speciosius viribus quam verbis confligendum existimans. Quod si alter dimicantium relato pede prænotati orbis gyrum excederet, perinde ac victus causæ detrimentum reciperet. Sin autem quavis de re pugilem popularis impeteret, ipsum armatus exciperet, cubitali duntaxat stipite pugnaturum. [§ 15] Quin etiam cladem Dani ab alienigena oppressi duorum cæde sarciendam instituit. »

Nous allons examiner ces lois pour bien comprendre pour qui le roi Frode les a promulguées. Justement avant de les citer, Saxo a mentionné la victoire de Frode sur le roi slave Strunico; son récit s'est donc arrêté à l'étranger. Or, il dit expressément que le paragraphe 5 des lois fut décrété au moment où Frode retournait en Danemark, ce qui fait supposer que les premiers paragraphes sont promulgués à l'étranger. — Saxo dit encore que les lois étaient destinées à l'armée (*exercitus*). Le 1er paragraphe, sur le partage du butin, est complètement militaire. Le paragraphe 2 défend de serrer les objets sous clef; le paragraphe 3 punit comme voleur celui qui pardonne au voleur ; on ne comprend pas pourquoi ces lois sont spéciales aux soldats et non applicables à tous les sujets ; car, en campagne, on n'a pas l'occasion de mettre tout le mobilier sous clef. D'un autre côté, le paragraphe 4 est encore un article militaire concernant les fuyards au moment de l'action ; le paragraphe 5, promulgué en Danemark, décide que la femme doit choisir elle-même son époux. Rosenvinge qui, dans les « Notæ uberiores in Saxonem », nous donne le commentaire de ces lois, fait observer que cette décision ne s'accorde en rien avec les anciennes lois sur le consentement des parents ; le paragraphe 7, sur l'obligation d'épouser la femme avec laquelle on a eu des relations intimes, est également singulier. Dans le paragraphe 9 on lit : « Si Danus Dano rapinam infligeret, duplum rependeret, etc. » C'est là une disposition bien extraordinaire ! Saxo a indiqué lui-même que ces lois furent promulguées en Danemark ; pourquoi donc préciser que c'est un Danois qui offense un autre Danois ? Le paragraphe 13 parle de la récompense pour celui qui se distingue dans le combat ; ici nous trouvons de nouveau des règles relatives aux guerriers. Le paragraphe 14 donne quelques principes de procédure. Le paragraphe 15, concernant « clades Dani ab alienigena oppressi », semble déterminer les rapports à l'étranger et les rapports internationaux.

Que faut-il penser de cette série de lois ? Il est évident que leur interprétation offre de grandes difficultés à surmonter. On cherche en vain un moyen de les expliquer; on cherche le point de suture, on ne touche que l'extrémité du lien qui les unit. D'ailleurs, quelles peuvent être ces lois dont Saxo ou la tradition en Danemark se souvient comme de lois anciennes, bien que la plupart, sinon toutes, soient déclarées révoquées ? Et pourquoi a-t-on fait un recueil de cette série d'articles ?

Il résulte assez clairement de l'exposé de Saxo qu'il n'a pas compris le texte original qu'il reproduit, ou qu'il a douté de sa vraie signification. Le contraste est trop frappant entre l'introduction, où il dit que le roi Frode résolut de donner de nouvelles lois à l'armée, et les articles civils du recueil, et notamment la phrase « ubi in Daniam rediit. »

Nous croyons avoir trouvé une explication très-naturelle de ces apparentes antinomies en regardant ces lois comme faites pour l'armée des Vikings à l'étranger avec tous ses guerriers, ses femmes, ses enfants et ses serfs, cette société enfin à laquelle des lois militaires et civiles étaient également nécessaires.

En supposant que la loi ait été donnée pour cette armée, ses articles civils deviennent compréhensibles ; si la loi est écrite pour les Danois à l'étranger, on peut en effet comprendre une expression comme celle-ci : si Danus Dano etc., et cette règle sévère en vertu de laquelle la mort d'un Danois doit être vengée par celle de deux étrangers.

Le seul passage qu'il faille effacer du texte de Saxo est celui-ci : que l'autorisation du libre choix d'un époux était donnée « ubi in Daniam rediit. » Et nous le pouvons supprimer sans hésiter, car Saxo raconte lui-même son motif de le rattacher au Danemark : « Ut [Frotho] quicquid Grep sinistra morum usurpatione corruperat, bonis artibus expiaret. » Au commencement du règne du roi Frode, un géant Grep et ses frères avaient attaqué et tourmenté impudiquement les filles et les femmes, ils avaient forcé beaucoup de femmes à se soumettre à leurs viles passions. Nulle famille ne se sentit en sûreté; la sœur du roi elle-même se trouva exposée à leur convoitise désordonnée. Saxo a voulu trouver des rapports entre l'article sur le droit de la femme de choisir son époux et ce drame malheureux du commencement du règne de Frode. Il a eu grand tort, car en quoi le crime des hommes contre les femmes non mariées peut-il avoir rapport avec le droit des femmes de choisir elles-mêmes leurs époux ? Il ne faut donc pas conserver cette phrase intercalée par Saxo.

II.—Je crois, en définitive, qu'en analysant le texte

de Saxo, on arrivera à ce résultat que ces lois ont été données pour l'armée à l'étranger. Il reste à étudier si les lois de Frode contiennent l'ancien droit danois et le droit en vigueur à l'époque des Normands. Nous allons en examiner successivement les articles.

Le § 1 donne les règles sur le partage du butin que nous venons de traiter au chapitre VII. Le butin est classé par genres ; l'or échoit au chef, les armes aux guerriers, les navires aux paysans (1) ; le reste appartient à tous. L'officier reçoit une part plus grosse que les soldats ; quant au reste, on en fait des parts égales. Il est notoire qu'à l'époque des Vikings tout le butin était entassé et qu'un partage loyal avait lieu en présence des chefs et surtout du porte-enseigne (2). Une source nous dépeint les troubles et la violence qui pouvaient naître d'un tel partage. Lorsque les Normands, en 843, allèrent dans l'île Her partager leur butin, les chefs et le peuple s'assemblèrent sur le rivage où ils l'avaient entassé. Les Vikings, à la vue de ces immenses richesses, furent transportés d'une telle passion que, malgré l'ordre de leurs chefs, ils s'élancèrent sur la proie, comme des chiens sur un morceau de viande. Dans la mêlée, beaucoup de Vikings périrent, et les prisonniers profitèrent de l'occasion pour se cacher et s'échapper plus tard (3). — Aussi les lois de Jomsbourg, cette

(1) L'argent échoit au « gregarius miles », c'est-à-dire au simple soldat. Voir Duchesne, *Hist. Norm. Scr.*, 209. — Orderic Vital, II, 197.

(2) Nowairi : Étant établis sur une île près de Corias, les Madjous y divisèrent leur butin (Dozy, *Recherches*, II, 277, 363).

(3) Martène, *Thesaurus anecdot.*, III, 832.

forteresse des pirates, demandaient qu'on portât toute proie petite ou grande à la lance d'étendard, et que si l'on découvrait qu'un des Vikings eût célé quelque chose, il fût chassé immédiatement du bourg. Le Hirdskraa de Magnus Haakonsson, ch. XXXVIII, ordonne que chaque guerrier porte sa proie à la lance d'étendard, et qu'il jure devant le porte-enseigne qu'il n'a rien caché et qu'il ignore que ses camarades ont caché quelque chose. Les règles sur le partage dans ce skraa du XIIIe siècle diffèrent en plusieurs points des lois de Frode, lesquelles, du reste, ne sont pas du tout invraisemblables, comme appartenant à un temps plus reculé. Ainsi cette règle des lois de Frode que l'or échoit au roi, est changée dans le skraa en cette règle que le roi a le droit de préférence entre l'or et les autres objets précieux mis en vente (1).

Je laisse ici de côté le paragraphe 2 et le paragraphe 3 (ainsi que le paragraphe 10), que je traiterai plus tard.

Dans le paragraphe 4, il est dit que celui qui fuit le premier dans la bataille (2) doit être « a communi jure alienus. » Exclu de la loi commune et du droit

(1) Les sources nous disent souvent que le noble chef renonce à sa part de la proie. Ainsi de *Frode*, Saxo, p. 254 : « Captivam rex prædam militi dispartivit, uti se totius avaritiæ expertem ... testaretur. » de *Gudrum*, Suhm, *Historie af Danmark*, II, 332; du roi *Erik Ejegod*, Knytlingasaga, ch. LXXVI; de *Absalon*, Saxo, 976. — Cf. Gaufred Malaterra, II, 4.

(2) Cf. Digest., XLIX, 16, § 3 : « Qui in acie prior fugam fecit, spectantibus militibus, propter exemplum capite puniendus est. »

des camarades veut dire sans doute que le guerrier ne peut garder sa place dans l'armée sans risquer la vie ; il faut qu'il s'enfuie. Il est « utlagatus » pour se servir du terme des Danois en Angleterre, conforme même à la phrase de Saxo (1). Le paragraphe 5 permet aux femmes d'épouser les hommes qu'elles préfèrent, et soutient que le mariage fait sans le consentement du père ne doit pas être dissous. Les éditeurs de Saxo et M. Rosenvinge (notæ uberiores) trouvent que cet article s'accorde mal avec les règles sévères des anciennes lois sur le consentement des parents. Mais cette règle des lois de Frode est sans doute motivée par l'état anormal du temps des Vikings, lorsque la femme de même que l'homme pouvaient disposer d'une indépendance extraordinaire, lorsque très-naturellement l'influence des parents vint à diminuer, les membres de la famille étant éloignés de leur centre, la terre de la famille et la demeure dans la même contrée. Il est cependant possible, comme le pense M. Rosenvinge, que la loi de Frode seulement commande « ne qua tori coactio fieret », de même qu'une loi donnée par Kanut le Grand en Angleterre défend que ni fille, ni veuve, ne soit forcée d'épouser l'homme qui lui déplaît (2). — La fin de l'article déclare légitimes les mariages déjà accomplis sans le consentement du père, règle qui

(1) Cf. aussi les lois de Kanut, II, ch. 77 : « Qui fugiet a domino vel socio suo pro timiditate in expeditione navali vel terrestri, perdat omne quod suum est et suam ipsius vitam, etc. » Cf. Grimm, *Rechtsalterthümer*, 731.

(2) La loi laïque de Kanut, II, 74.

semble très-naturelle pour le temps des Vikings, quand le père était souvent éloigné de la famille.

Le paragraphe 6 demande que la femme libre qui épouse un serf perde sa liberté. Les lois danoises du XIIIe siècle ne semblent pas confirmer cette règle (Voir les lois de Seelande, du roi Valdemar, III, 12, et d'Eric III, 17 (V. II), mais elle est conforme à beaucoup d'anciennes lois du moyen âge (1), et elle s'accorde complètement avec l'esprit des lois de Frode, où la différence de naissance donne lieu à des règles bien exclusives.

Le paragraphe 7, qui exige que l'homme qui a eu des liaisons avec plusieurs femmes épouse celle qu'il a connue la première s'explique aussi naturellement comme motivée par les fréquentes unions doubles à l'époque des Vikings (2). Il faut cependant avouer qu'on peut aussi interpréter la règle comme obligeant l'homme à épouser la fille qu'il a violée. Cette règle n'a pas d'analogie dans nos anciennes lois, avec cette remarque pourtant qu'elles demandent quelquefois que celui qui a violé une fille puisse éviter la punition en l'épousant.

Le paragraphe 8 punit celui qui se rend coupable d'adultère avec l'épouse d'un autre, de la perte de « corporum partes. » On peut comparer ce paragraphe à la loi donnée par Frode en Russie (3), édictant contre

(1) Grimm, *Rechtsalterthümer*, p. 326.

(2) Voir mes recherches dans *Indledning*, ch. x.

(3) Saxo, 236 : « Si quis virginis stuprum vi petere ausus esset, supplicia abscissis corporis partibus lueret, alioquo mille talentis concubitus injuriam pensaturus. »

celui qui viole une fille la perte des *parties* « abscissæ corporis partes », ou une amende de 1,000 livres. Ces règles ne s'accordent pas avec nos lois du XIIIe siècle, qui punissent l'adultère du bannissement ou d'une amende de 40 marcs. Il est cependant très-vraisemblable que les plus anciennes lois danoises ont contenu les mêmes règles que les lois du roi Frode, et que la divergence entre celles-ci et les lois du XIIIe siècle nous démontre simplement la marche de la législation pendant ces 300 années.

D'abord on n'a pas connu en Danemark dans la haute antiquité ce système de peines pécuniaires que les lois provinciales du XIIIe siécle nous présentent. Les peines n'étaient pas si variées en leurs espèces; généralement les punitions étaient corporelles. Maître Adam de Brême (IV. 6), dit que les Danois n'avaient d'autres sortes de punitions que la hache ou l'esclavage. Il est aussi bien probable que les crimes contre les mœurs étaient sévèrement punis dans la haute antiquité, surtout lorsque, comme le viol, ils impliquaient la violence, ou lorsque, comme l'adultère, ils attentaient aux droits d'une tierce personne (l'époux). Nous trouvons un bon exemple dans la législation suédoise, car dans les lois du XIIIe-XIV[e] siècle, le viol fut compté parmi les « edsœrebrott », c'est-à-dire que le criminel perdit ses meubles et fut banni, si la violée ne voulait pas prendre un accord ; dans des temps plus reculés il y avait des règles beaucoup plus sévères. Déjà Adam de Brême nous fait connaitre que le Suédois qui avait des rapports avec une femme mariée ou qui commettait un viol était condamné à mort (1), et cette règle se retrouve dans quelques-unes des lois provinciales promulguées quelques siècles plus tard (2). Plusieurs lois suédoises ont même des règles qui ressemblent au paragraphe 8 de la loi de Frode ; c'est ainsi que le Bjarkœret, chapitre XV, et la loi municipale de Magnus Eriksson, Gifftomala Balk, chapitre III, ordonnent que celui qui séduit la fille ou l'épouse d'un homme doit « racheter son nez par 40 marcs » ; de même la loi de Gotland, I, 20, paragraphe 15, condamne celui qui est saisi *in flagranti delicto* avec une femme non mariée à racheter la main ou le pied par 6 marcs, ou à les perdre.

Le paragraphe 8 des lois de Frode n'est donc pas du tout absurde. Il est même vraisemblable que la règle qu'il édicte a été en vigueur chez les Danois en Normandie, car la Chronique anglo-saxonne (3) a conservé comme une des bonnes règles que Guillaume le Conquérant donna à l'Angleterre : « If any man (carlman) lay with a woman against her will, he forthwith lost the members that he had sinned with. »

Le paragraphe 9 ordonne que la rapine soit punie de la restitution de la double valeur et en outre comme délit contre la sécurité publique. Dans nos lois provinciales, la punition de la rapine était une

(1) IV, 21 : « Capitali pœna mulctatur, si quis uxorem alterius cognoverit aut vi oppresserit virginem. »

(2) Cf. Nordstrœm, *Svenska Samhœlls-fœrfattningens Historia*, II, 325.

(3) Ed. Thorpe, I, 355 ; II, 189. — Cf. les lois de Guillaume, I, 18 : « Cil ki purgist femme a force, forfeit ad les membres. »

amende de 3 marcs et la restitution du double (1). Il faut d'ailleurs se rappeler que dans le traité du Normand russe, Igor, avec les Grecs, § 5, nous retrouvons précisément la même règle que dans la loi du roi Frode : « Si un Russe essaie de prendre quelque chose par rapine à quelqu'un de notre empire, il sera sévèrement puni pour cette action ; et il doit payer le double de la valeur de l'objet dérobé. Il en sera de même pour le Grec envers le Russe (2). »

Selon Saxo, la punition serait que le criminel « crimine violatæ pacis censeretur, » expression que M. Rosenvinge a comparée au « fridbræc » des lois anglo-saxonnes. Pourtant le mot « fridbræc » ne se trouve qu'une fois dans les lois d'Ethelred, et il y signifie cette violation de la paix consistant en ce que huit Anglais avaient été tués par des Danois, ou *vice versa*. Le terme a donc ici une signification toute spéciale, c'est la paix internationale qu'on a violée, non pas celle du pays. On peut trouver de meilleures analogies avec ce paragraphe ; ainsi on lit dans les lois de Frisonie (lex Frisionum, tit. VIII) : « Si quis rem quamlibet vi rapuerit in duplum eam restituere compellatur, et pro freda solidos 12 componat ; » ici nous retrouvons la règle de Frode mot à mot.

Cette paix qui a été violée ne semble pas être la paix attachée à la maison ou à la personne ; selon

(1) La loi de Zélande de Vald., II, 41 ; de Erik, II, 46 (III, 20.; la loi de Jutlande, II, 40.

(2) Le traité d'Oleg, ch. v, ne parle que d'une triple restitution.

toute probabilité c'est la paix spéciale de l'armée (1), dont la violation fut expiée par une somme fixée.

Il est encore à remarquer que nous rencontrons dans les lois de Frode une loi sur le ran (la rapine), car ce mot scandinave et cette qualification sont passés des lois des Vikings danois dans la législation anglo-saxonnne et peut-être dans celle de la Normandie.. Nous trouvons dans les lois de Guillaume le Conquérant, données en Angleterre, III, ch. XII : « Decretum est etiam ibi, ut si Francigena appellaverit Anglum de perjurio aut murdro, furto aut homicidio, ran, quod dicunt apertam rapinam, quæ negari non potest, Anglus se defendat per quod melius voluerit aut judicio ferri aut duello. » Le mot *ran* ne figure pas dans les lois anglo-saxonnes; il est passé en Angleterre avec les conquérants de la Normandie, ou bien le roi a pris ce terme dans les lois des Danois en Angleterre, du Danelag (2).

Selon le paragraphe 11, l'exilé qui agit comme un ennemi de sa patrie ou qui fait la guerre contre elle est puni de la perte de la vie et de ses biens. Les anciennes lois des chevaliers des rois danois en Angleterre (le witherlagsret) sont complètement d'accord avec cette disposition en punissant le traître et celui qui fait « le crime de Judas » de la perte de sa vie et de tout ce qu'il possède (3).

(1) Cf. Dudon, p. 171 (85), sur Rollon : « Denique in terra suæ ditionis bannum (id est interdictum) misit, quod est prohibitio, ut nullus fur vel latro esset, etc. »

(2) Schmid, *Gesetze*, 357 : « Ran ist ein altnordisches Wort, das sich in unsern angelsechischen Quellen nirgænds findet. »

(3) Cf. aussi les lois anglaises de Kanut, II, ch. LVII.

Le paragraphe 12 déclare que celui qui n'obéit pas à l'appel aux armes est puni d'exil. En Danemark, au XVe siècle, il était condamné à être pendu à la poutre de sa maison, mais il est très-vraisemblable que dans la société de l'armée, formée plus librement, il a existé une règle moins sévère. La remarque de Saxo sur la manière d'appeler au service militaire par une flèche qui est envoyée de maison en maison, est très-exacte, mais elle ne semble pas concerner les lois de l'armée, c'est une simple remarque tirée des coutumes d'autrefois.

Le paragraphe 13 promet un avancement à celui qui, dans le combat, marche sur l'ennemi devant le porte-enseigne. L'article ne doit pas être pris trop au pied de la lettre, cependant il nous montre qu'à l'époque des Vikings la grande bravoure pouvait racheter le manque de rang. Le même fait nous est rapporté dans le récit sur Tymmo Sjœllandsfar, vaillant guerrier du roi Kanut. Voyant, dans une bataille contre les Anglais, que ses propres étendards commençaient à reculer, il saisit un rameau, se présente comme porte-enseigne et appelle les troupes à renouveler l'attaque. Les ennemis furent battus, et le brave soldat fut promu au poste élevé de *porte-enseigne*. Il est possible aussi que la loi de Frode doit être entendue en ce sens, que le guerrier qui, en face de l'ordre de bataille, livrait un de ces combats singuliers si fréquents à l'époque des Vikings (1) était récompensé par l'avancement. Nous en trouvons un exemple dans l'histoire des Normands russes. Les

(1) Cf. *Scriptores Rer. Dan.*, II, 200, 484; Nestor, *passim*.

armées des Petschenègues et des Normands étaient en présence, et nul n'osait attaquer. Alors le prince des Petschenègues invita Vladimir à envoyer un de ses guerriers pour combattre avec un des Petschenègues et ainsi décider la guerre. Cependant nul Russe n'osa marcher à la rencontre du terrible géant qui se présentait de la part de l'ennemi, jusqu'à ce que le fils d'un tanneur s'offrit; il étouffa contre sa poitrine le Petschenègue et le jeta raide-mort sur la place. Vladimir le fit donc Bojar (grand officier) (1).

Le paragraphe 14 est difficile à interpréter. On comprend assez bien ce que la loi prescrit, mais plus difficilement ce qu'elle abolit. Chaque combat doit être déterminé par le glaive, dit-elle. Celui des combattants qui dépasse du pied le cercle fixé a perdu. D'un autre côté il est défendu de procéder par serment (juris jurandi fides) ou par gage (pignorum positio), et celui qui en provoque un autre à déposer des gages doit payer une amende d'une demi-livre d'or ou subir une sévère punition corporelle.

Le paragraphe ne dit pas—comme on l'a cependant souvent répété, — que Frode a introduit le combat judiciaire comme une nouvelle sorte de procédure; l'article enjoint l'usage du duel pour toutes les causes, et d'ailleurs nous savons que Saxo a mentionné le combat judiciaire bien des fois dans la partie de l'histoire fabuleuse qui précède le temps de Frode.

Saxo donne comme motif de l'article, que le roi Frode avait vu que la déposition d'un gage occa-

(1) Nestor, p. 137-139.

sionnait de grandes controverses. Cependant, ce n'était pas une manière de terminer les procès de donner un gage, c'était l'introduction de la procédure et spécialement de celle du duel. Saxo semble même avoir mal compris son texte en l'appliquant simplement aux personnes qui parient. Malgré l'obscurité de ses expressions, l'interprétation de la loi me semble être celle-ci : le roi défend le serment comme moyen de terminer les causes, il défend également tout défi extrajudiciaire, de même que le duel qui ne se passe pas dans les règles scrupuleusement fixées.

Dans la Scandinavie au moyen âge, on avait deux sortes de duels : le simple « Envig, » et le « Holmgang » avec beaucoup de cérémonies ; de sorte que la justice avait une grande influence sur le résultat. Ainsi le Saga de Kormak, chapitre x, nous dit qu'il y a des difficultés dans le Holmgang, mais pas du tout dans l'Envig. La loi de Frode veut fixer les règles qu'on doit suivre en se servant du combat judiciaire, et, dans ce but, elle indique que la place doit être circonscrite et que celui qui dépasse les bornes avec son pied a perdu. Voici l'interprétation la plus naturelle des mots de Saxo ; du reste j'avoue qu'il est difficile de reconstruire le texte de cette loi assez mal reproduit par Saxo.

Il est certain que les Normands, au temps des Vikings, se servaient des combats judiciaires. Les sources de l'étranger le mentionnent souvent et montrent que les règles selon lesquelles les duels avaient lieu ont attiré l'attention des étrangers (1),

(1) Pertz, I, 462 : « Duo quoque Nortmanni quorum unus

quoique le duel fût un moyen de procéder dans la plus grande partie de l'Europe. Les Anglo-Saxons étaient presque le seul peuple à cette époque qui ne connût pas les combats judiciaires; ils furent introduits en Angleterre par Guillaume le Conquérant et ses Normands (1).

La fin du paragraphe contient la règle que le champion appelé en duel par un paysan devait comparaître armé de pied en cap, le paysan seulement armé d'une massue ou d'un rondin long d'une aune. Cette règle, qui paraît si absurde, est motivée par une série de rapports que je vais expliquer.

Il ne faut pas comprendre l'article comme signifiant que dans un combat entre lesdites personnes le paysan doit toujours se battre avec un rondin, le champion ou le chevalier avec un glaive. Le paysan provocateur doit souffrir que le guerrier comparaisse avec un glaive et complètement armé. La règle est conforme à cette loi du moyen-âge que personne n'est obligé de s'engager en combat qu'avec son égal de naissance.

En entrant dans le cercle, et en laissant le résultat de la question à son glaive, à sa bonne cause et à Dieu qui donne la victoire à celui qui a le droit, le guerrier a obéi aux demandes exigées pour l'ordre de la société. S'il est vaincu, c'est Dieu qui a parlé. On

secundum gentis suæ morem cum eo negante armis coram rege contendens illum in certamine interfecit » *Ibn Dasta*, ch. VI, § 8. *Anna Comnena*, V. 5.

(1) Phillips, *Englische Rechtsgeschichte*, II, 282. — Schmid, *Gesetze*, v. Ordal : « Der Zweikampf ... erst in den normænnischen Quellen. » — Freeman, *Norman Conquest*, V, 400.

exigerait trop si on voulait qu'il s'exposât à être surpassé par un homme inférieur, qui par la victoire même semble prouver qu'il était le meilleur et le plus noble (1). — C'est pourquoi on trouve dans Sachsendpiegel, I, 63, « Jewelk man mach kampes weigern deme, de wers geboren is, denne he, » et de même en Schwabenspiegel dans les articles 384, 385, des lois frisonnes de Brohmer, paragraphe 105, etc.

Qu'une telle loi ait été aussi en vigueur en Danemark, c'est ce qui semble résulter des traditions de l'antiquité de Saxo. Quand An, l'archer, eut défié le roi Fridler, le géant Bjœrn, mécontent de ce que le roi allait combattre un plébéien, provoqua An en duel. Lorsque les Saxons appellent en duel Frode IV, le géant Stærkodder accepte le combat disant qu'un roi ne peut se mesurer qu'avec son égal. Le roi des Hans répond au géant Westmar qu'où le jeu des glaives est égal, la naissance des combattants ne doit pas être inégale (2).

Si l'on ne défendait pas à l'homme inférieur de défier en duel son supérieur, on a pourtant voulu donner au provoqué certains avantages. Ainsi le supérieur devait faire le premier coup. Saxo raconte que dans le combat entre Agner et Bjarke, Agner *avait le* droit de faire le premier coup à cause de son *rang* (3). De même les combattants se servirent de différentes armes selon la différence de leurs rangs.

(1) Cf. Wilda, les Ordals dans l'*Encyclopédie* de Ersch et Gruber.

(2) Saxo, p. 270, 281, 186.

(3) Saxo, p. 87.

Les combats judiciaires avaient lieu avec des armes différentes, suivant les peuples d'Europe. Chez les Francs et les Lombards, on se battait avec la massue; les Saxons, les Frisons et les peuples du Nord préféraient le glaive. Les colons danois en Normandie, s'ils étaient chevaliers, se sont sans doute servis du glaive, au moins dans les premiers siècles. Il est possible que plus tard la massue ait remplacé cette arme. C'est ce que dit au moins le grand Coustumier de Normandie (vers 1270) : « Ils ne peuvent avoir autre instrument à grever l'ung l'autre fors l'escu et le baston » ; mais très-probablement la Coutume nous donne seulement des règles pour le combat *entre* non-nobles ; la glose de la Coutume dit au moins : « Le texte ne s'entend..... sinon au regard des non-nobles..... le texte n'en parle point pour ce qu'il est tout notoire quelles armeures (les nobles) *doiuent* auoir pour soy combatre. » Peut-être le *Coutumier* a-t-il pensé surtout à ces champions loués qui combattaient pour un autre, et qui, d'après les règles des autres pays, ne devaient se servir que de rondins (1). Dans des lois qui ont de l'affinité avec les Coutumes de la Normandie, par exemple les Assises de Jérusalem, nous trouvons les chevaliers combattant avec des épées ; des renseignements sur plusieurs duels en Normandie nous montrent aussi qu'en réalité les combats se faisaient avec des glaives (2).

(1) Cf. Ducange. V. *Campio*.

(2) Canel, dans *Le combat judiciaire en Normandie* (*Mém. de la Soc. des Antiq de Norm.*, XXII, 575), suppose qu'à l'ordinaire on combattait en Normandie avec des bâtons ; son

L'arme du paysan, dans la Scandinavie, était la massue (1), qu'on trouve aussi en Normandie entre les mains du paysan (2). Il n'y a donc pas de doute que le paysan devait combattre le paysan avec la massue. Suivant la loi de Frode, quand le paysan provoquait un guerrier, celui-ci pouvait combattre en pleine armure, le paysan ne pouvait s'armer que d'un rondin. Comme nous venons de le prouver, cette règle dérive des idées de ce temps sur la différence d'état des personnes; elle peut par exemple très-bien avoir existé en Normandie (3). Nous avons un exemple de cette loi, écrit dans les statuts de saint Louis, en vertu desquels un chevalier a le droit de combattre à cheval, s'il est défié à raison d'un meurtre ou d'autre affaire grave par un vilain; au contraire, lorsque le chevalier est le provocateur il doit combattre à pied (4).

Enfin, le paragraphe 15 des lois de Frode demande que le meurtre d'un Danois soit puni de la mort de deux étrangers (5). Les éditeurs de Saxo supposent que cet article est inventé à la gloire du peuple

propre traité nous montre cependant qu'on s'est servi d'épées dans un combat vers 1300, et dans un autre, vers 1386; compare aussi sur les champions du roi, p. 603.

(1) Cf. *Script. Rer. Svec.*, III, 1, 117.

(2) *Roman de Rou*, I, 306, sur les armes des paysans :

> A machues è à grant peus,
> A sajetes et as tineus.

(3) Les lois franques ont aussi des règles fixées sur la longueur de la massue.

(4) *Statuta S. Ludovici*, I, 80.

(5) Cf. Saxo, 81, 83.

danois. Si l'on interprète les lois de Frode comme données pour l'armée à l'étranger, l'article devient très-probable ; il est évident qu'il fallut assurer la vie des Danois dans les pays conquis par des règles sévères. On vivait comme dans un état de siége ; il était de toute nécessité de sauvegarder la sécurité par les lois les plus rigoureuses.

On peut encore comprendre la règle comme indiquant que la vie d'un Danois valait celle de deux étrangers, et c'est pourquoi il convenait de l'expier par la compensation du double. Dans les traités entre les Normands et les étrangers, il est souvent établi que les Danois et les étrangers sont égaux à l'égard de Wergild, ce qui prouve que, sans ces traités, on eût eu de plus grandes exigences. Alfred et Gudrum stipulent que (§ 2) : si quelqu'un est tué, on comptera le Danois et l'Anglais d'égale valeur, savoir 8 demi-marcs d'or pur. Dans le traité avec l'armée d'Ethelred, ch. v : quand un Anglais tue un Danois, on doit payer pour l'homme libre 30 livres, pour le serf 1 livre *et vice versa.*

Enfin, on sait que les conquérants s'avisent facilement de taxer leur propre vie au double de celle des vaincus ; c'était, par exemple, le cas des Anglais et des Saxons, contre les Brittons ; le Wergild pour un Britton n'était que la moitié du Wergild d'un Anglais ou d'un Saxon. Il convient même d'observer que, dans quelques notices sur le Wergild des Anglais et des Danois au Xe siècle, dans un fragment : Nordleoda laga, les Danois semblent compter leur Wergild double de l'Anglais ; le Wergild du Earl est ici de 15,000 thrymsas, mais pour l'Ealdorman, qui avait presque le même rang chez les Anglo-Saxons, on ne paie que 8,000 ; le Hold valait 4,000, le Thegn seulement 2,000, etc. (1).

Par cet examen de chaque paragraphe des lois de Frode, je considère le résultat de ma première recherche comme tout à fait affirmé, à savoir : que ces lois sont faites pour l'armée des Normands. Nous avons prouvé qu'une grande partie des règles contient le droit ancien de Danemark et le droit qui, notoirement ou au moins très-probablement, était en vigueur dans l'armée des Normands, vers 900. Nous avons vu que plusieurs de ces règles ont été adoptées dans les législations des peuples voisins ou dans les lois promulguées par les princes Normands. — Je me propose de préciser davantage la vérité de ce résultat par la recherche qui va suivre sur les lois que Rollon a introduites en Normandie.

III. On a souvent fait cette question : Quelles étaient les lois que donna Rollon en fondant sa puissance en Normandie ? Les historiens ont reconnu que Rollon a déployé une certaine activité législative (2), et ils ont regretté que ses lois aient été perdues. Du reste les savants ont eu des doutes sur le point de savoir si Rollon a donné de nouvelles lois modelées sur

(1) Stubbs, *l. c.*, p. 199 : « It would be hazardous to argue from what is called the « North Peoples Laws, but a reading of it suggests that the Danes estimated their own wergilds at twice the value of the Angles, just as in early days the Saxons had valued themselves at twice asmuch as the wealh. »

(2) Lair, dans les *Mémoires de la Soc. des Antiq. de Norm.*, XXIII, p. 76. — Lappenberg, *Geschichte*, II, 22.

celles de Danemark, ou s'il a fait respecter les anciennes lois de la province.

J'ai démontré plus haut quels étaient les vrais rapports entre Rollon, son armée danoise et la province vaincue; la question me semble donc déjà résolue. Il est possible que Rollon ait permis aux habitants français, restés dans la province ou qui y étaient retournés, de garder leurs anciennes lois; mais il est impossible qu'il ait ordonné à sa grande armée d'obéir à des lois françaises qu'elle ne connaissait pas. Il est évident que son armée avait déjà sa propre législation avant la conquête; le prince y a ajouté quelques suppléments, et il l'a mise en vigueur dans la province.

Ce résultat me semble confirmé complètement par les sources. Dudon nous raconte que Rollon donnait au peuple des lois composées par lui et par des chefs (1); il est impossible de croire que ces législateurs aient donné des lois françaises. Il est dit plus tard que le roi de Danemark, Harald à la dent bleue, qui pendant quelque temps gouverna en Normandie, avait ordonné au peuple d'obéir en tout aux lois du duc Rollon, ce qui semble indiquer aussi que Rollon a été législateur et que le droit danois a été adopté (2).

(1) Dudon, 171 (85) : « Jura et leges sempiternas voluntate principum sancitas et decretas plebi indixit, atque pacifica conversatione, morari simul coegit. » Principes veut dire chefs normands; voir quelques lignes avant (170) : « Ante quam dividatur terra in eis principibus. »

(2) Dudon, 245 (125) : « Jura legesque et statuta Rollonis ducis tenere per omnia cogebat. » Cf. 119 : « Ut Rollonis quæ posuit in regno jura describerem. »

Nous trouvons le même fait dans ces sources, qu'on dit indépendantes de Dudon; dans l'*Historia Fiscannensis* Rollon promulgue pour le peuple les lois de sa patrie (1), et le continuateur de la Chronique de Fontanelle dit que Rollon a donné des lois excellentes aux bourgeois comme aux guerriers (2). — Les sources ne parlent donc pas d'une adoption des lois françaises, et on interprète leurs expressions plus naturellement comme indiquant que Rollon mettait en vigueur dans la province les lois danoises de l'armée.

Cependant ces lois sont perdues. Les Coutumes les plus anciennes de la Normandie datent du XII^e siècle, et le droit qu'elles nous présentent est français, quoiqu'il y ait quelques restes des Coutumes du Nord. Il serait injuste d'enregistrer ces sources dans la législation scandinave; elles appartiennent à une législation spéciale, à la législation anglo-normande.

Cependant les chroniques nous ont conservé quelques règles de la législation de Rollon; nous allons les examiner.

Ainsi Dudon et d'autres chroniqueurs racontent que Rollon défendait que personne remportât sa charrue à la maison; on pouvait tranquillement la laisser dans les champs; de même le cheval, le bœuf et l'âne pouvaient y rester sans garde (3). Cette règle

(1) Mabillon, *Acta SS. Ord. Bened.*, II, 935 : « Ipsam autem terram quoad vixit optime regens legesque et jura *paterna* ipsis habitatoribus *componens*. »

(2) Bouquet, IX, 3 : « Optima denique jura legesque æquissimas domi militiæque prudenter instituit. »

(3) Dudon, 171 : « Interdixit, ut nullus ferramenta aratri domum

n'est pas absurde. Rollon a institué la paix des champs. Les particuliers devaient avoir une confiance mutuelle et ne serrer rien sous clef. Le prince garantissait que rien ne serait volé, que le produit du vol serait rendu et le coupable puni. Mais c'est justement une des lois de Frode. Il défend, au paragraphe 2, qu'on serre quelque chose sous clef, et il ordonne que le coupable soit puni d'une amende d'une livre d'or. Nous retrouvons ainsi dans les lois de Rollon ce paragraphe de la loi de l'armée.

Dans le même paragraphe, le roi Frode promettait de rendre la double valeur de la chose perdue ; dans quelques règles données en Norwége (Saxo, p. 247), le même roi promet même la triple valeur. Rosenvinge fait la remarque que cette loi dérive des règles de nos anciennes lois portant que le voleur devait restituer la valeur du vol (Igjæld) et le double de cette valeur (Tvigjæld). Nous nous demandons maintenant si vraiment le prince du pays était obligé de payer cette valeur jusqu'à ce que le voleur fût trouvé, dans le cas même où il ne pouvait être découvert. Suivant les lois de Frode il faut le supposer, et d'ailleurs le Knytlinge Saga (ch. XXIX) confirme cette opinion dans son récit de l'administration à l'époque du roi Kanut le Saint (1080-86). Le roi ordonnait que celui qui quittait sa maison sans la fermer, ou qui laissait son cheval sans entraves, pouvait demander au roi la restitution de son bien, s'il était volé, à la

reportaret, verum in campo cum aratro relinqueret. et nullus post equum, asinumque atque bovem, ne perderet, custodem mitteret. » Will. Gemmet, II. 20.

charge par le roi de punir le coupable. Une telle règle n'est donc pas du tout absurde. Aussi la retrouve-t-on ailleurs au moyen âge; les bourgeois de Bologne garantissaient aux étudiants de l'Université la restitution de leurs objets s'ils leur étaient volés (1).

Dans les lois de Frode, la règle sur la restitution est liée à la défense de serrer quelque chose sous clef, et ces deux règles doivent naître, il me semble, du même principe. Le roi se charge de maintenir la paix du pays; il veut empêcher les voleurs et les brigands d'entrer dans le royaume, il exige donc que le peuple ne se préoccupe pas de la garde de ses effets; de l'autre côté il doit naturellement garantir que celui qui subit le vol reçoive la chose perdue ou sa valeur. Il est vraisemblable que Rollon aussi a garanti la restitution du vol, et les sources en portent témoignage. Dudon (et d'autres auteurs) racontent qu'un paysan, obéissant à l'ordre du duc, avait laissé sa charrue dans le champ, mais qu'il en fut raillé par sa femme; pour forcer son époux à remporter désormais la charrue à la maison, elle alla secrètement au champ et la cacha. Le mari croyant que la charrue était volée s'adressa au duc, qui lui fit payer cinq solidi pour en acheter une nouvelle. On faisait des recherches pour trouver le coupable, lorsqu'on découvrit que l'épouse avait caché la charrue et que l'époux, quoiqu'il s'en fût aperçu plus tard, ne l'avait pas dénoncée. Tous les deux furent pendus (2). —

(1) *Cesare cantù, storia degli Italiani*, seconda edizione, t. II, p. 475.

(2) Dudon, 172; le continuateur de Guillaume de Jumiéges

Ainsi cette partie de la loi de l'armée est aussi passée dans les lois de Rollon.

Les sources nous disent encore que Rollon ordonnait de pendre le larron et le voleur (1). — C'était justement une des règles du roi Frode; seulement elle ne se trouve pas parmi les lois dont nous traitons ici mais parmi celles qu'il donna en Norwége (§ 5) (2);

place faussement cette histoire au temps de Richard II, mais il parle expressément de la restitution : « Si alicui furata fuissent, præceperat Comes, ut ad eum veniret et quidquid furto perdidisset, ipse ex integro totum redderet... Cui dux jussit dari denarios, unde posset damnum reparare. Duchesne, 316.— Cf. Orderic Vital, sur Guillaume-le-Roux, III, 407 : « Omnia de suo eis ærario restituit. »

(1) Dudon, 171 : (interdixit) « ut nullus fur vel latro esset, neque quis assensum malæ voluntatis ei præberet ; » 172 : « assensor furti fuisti et indicare noluisti. Statim utrumque laqueo fecit suspendi crudelique morte finiri. » Will. Gemmet. II, 20 : « Post hæc intra Normannicos limites legem statuit ut nullus assensum furi præberet; quod si deprehenderetur, ambo patibulis appenderentur. » Cf. Mabillon, *Acta Sanct. O. S. B.* III, 1, 128.

(2) Saxo, p. 247-48 [§ 1] : « Statuit idem ut navigantes repertis ubicunque remis licite fruerentur. [§ 2] Amnem vero transituris usum equi, quem vado proximum reperissent, liberum esse concessit. Eodem descendendum fore constituit, quum priores ejus pedes solum attingerent, postremos adhuc unda subluerет. Talium siquidem commodorum beneficia potius humanitatis quam injuriæ nomine censenda credebat. Cæterum reum capitis fieri, qui superato amne equi usum longius expetere præsumpsisset, instituit. [§ 3] Jussit etiam, ne quis ædem vel arcam seris obfirmatam haberet aut rem ullam claustrorum custodia contineret, triplicem amissorum restitutionem promittens. [§ 4] Præterea tantum alieni cibi in commeatus assumi fas esse, quantum uni cænæ sufficeret, promulgabat. Quam si quis

il ordonna de pendre le voleur et un loup à chaque côté de lui (1).

Selon les lois danoises du XIIIe siècle, le voleur était pendu lorsque la valeur du vol dépassait un demi-marc (la loi de Scanie, VII, 15; la loi de Jutland, II, 88). — D'après l'analogie de la loi sur la rapine (§ 6), il faut supposer que le voleur devait payer l'amende de la simple et de la double valeur du vol comme d'après nos lois provinciales. Ceci s'accorde aussi avec le paragraphe 6 du traité entre le prince russe Igor et les Grecs, qui ordonne que le voleur paie la double valeur du vol, et qu'il soit puni d'après la loi russe. M. Solovjev est étonné de cette règle, parce que dans l'ancien droit russe le vol n'est puni que d'une amende et de la restitution (2); cet auteur semble faire allusion à la Prawda du XIe, XIIIe siècle (3); mais on a droit de supposer que chez les anciens Russes scandinaves le vol était puni plus rigoureusement, ce que du reste Ibn-Foszlan confirme en disant des Russes : « Lorsqu'ils ont saisi un voleur, ils le mènent à un grand arbre, lui passent une forte corde au cou, le hissent, et le

in capiendo mensuram excederet, furto obnoxius haberetur. *[§ 5]* Furi vero trajectis ferro nervis in suspendium acto lupum collateralem affigi præcepit, ut malitiam hominis acerbitati belluæ similitudo exæquaret pœnæ. [§ 6] Eamdem quoque in furtorum conscios mulctam extendi curavit. Comparer aussi Saxo 411 : « Quorum quadraginta captos applicatis totidem lupis laqueo adegit, etc.

(1) Cf. Saxo, 411.

(2) Voir Nestors Krœnike oversat af Smith, p. 268.

(3) Cf. Ewers, das ælteste Recht der Russen, Beilagen.

laissent pendu jusqu'à ce que dissous par le vent et la pluie il tombe à terre en pièces (1).

Selon les lois de Rollon, le recéleur était puni du même châtiment que le voleur, et cette règle se retrouve dans le § 6 des lois norwégiennes de Frode. — Le § 3 de la loi de l'armée punit comme voleur celui qui pardonnait au voleur et qui ne le déférait pas au juge; la même punition semble ordonnée par Rollon en Normandie, comme nous l'a déjà montré le récit du paysan : « indicare noluisti. » — Le § 10 enfin traite la punition de celui qui recevait et cachait sous clef ce qu'un autre avait volé; il perd tout son bien et il est fouetté devant le tribunal. Cette règle ne peut pas regarder le recéleur qui, évidemment, dut être puni comme celui qui ne dénonçait pas le voleur (§ 3), et d'ailleurs, comme nous l'avons dit, le recéleur était puni comme voleur d'après les lois norwégiennes. Le cas en question semble concerner une personne trouvée en possession du bien volé, sans qu'elle puisse être convaincue de l'avoir volé ou recélé, le paragraphe même semble l'indiquer en décrétant la punition « quod se eidem delicto obnoxium fecisse videretur. »

Ainsi toutes les règles qui, notoirement, sont données par le conquérant danois Rollon peuvent être retrouvées dans les lois de Frode. Nous avions prévu ce résultat, car il est naturel que les lois de l'armée aient formé la base de la législation introduite en Normandie.

Nous avons vu que toutes les lois qui, suivant

(1) Fræhn, Ibn Foszlan, p. 11.

les sources, sont données par Rollon, concernent des crimes contre la propriété, et que les punitions sont très-sévères. Ce qui caractérise en effet la fin de l'époque des Normands, c'est qu'on promulgue des lois énergiques regardant les crimes contre la propriété. La vie des Vikings qui leur permettait de s'acquérir du bien par piraterie leur avait donné des idées assez particulières sur la propriété et sur la fortune ; elle avait inspiré au caractère normand cette avidité et ce désir du gain bien connus, mais aussi une prodigalité surprenante et quelquefois une libéralité extraordinaire.

Néanmoins il faut avouer que les descendants des Vikings savent bien distinguer entre la piraterie permise et louable et les crimes contre la propriété pendant la paix ; en Danemark comme dans les colonies à l'Étranger, les punitions des crimes contre la propriété étaient très-sévères. Ainsi la Saga de Kanut le Saint (ch XXIX) nous raconte que le roi fit mettre à mort toute personne convaincue de vol ou de brigandage, et que telle était la peur de sa justice et de sa vengeance, que personne n'osait voler dans son royaume. Nous trouvons également chez beaucoup d'auteurs des louanges de la grande sûreté pour la propriété qui régnait en Normandie (1); un auteur

(1) Dudon, p. 172 (85) : « Hoc judicium exterruit habitatores terræ nullusque... ausus est postea furari vel latrocinari atque sic quievit terra vacua furibus et latronibus, atque siluit privata cunctis seditionibus . 196 (99) : « Nullus audet alii in regno suo præjudicium facere, nullus furtum et sacrilegium perpetrare. » Guillelmus Pictavensis, chez Duchesne, p. 182: « Non ignorabant quam in Normannia esset inuisus latro aut prædo, quam

français ne peut contenter son admiration devant ce peuple qui punit comme voleur celui qui dans une affaire tire plus de profit qu'il n'en a le droit (1).

Rollon et les premiers ducs normands ont donc sans doute donné plusieurs règles précisément à l'égard du droit de propriété pour fixer les bornes entre le pouvoir arbitraire et l'usage permis. Il est assez singulier que nous trouvions que Frode, en Norwége, outre lesdites règles sur les crimes contre la propriété, a donné les règles suivantes. Il était permis aux hommes qui naviguaient de se servir des rames trouvées sur l'eau. Il était permis de se servir à un gué du cheval qu'on trouvait dans le voisinage, mais il fallait l'abandonner aussitôt que ses jambes de devant touchaient l'autre rive, sinon on était voleur. Le voyageur pouvait prendre en passant assez pour un repas, mais s'il prenait plus il était voleur (2).

Il nous semble très-probable que ces règles ont été

recto usu uterque supplicio addiceretur et quod neuter parvo absolveretur. *Cf. sur le roi Roger en Sicile* Muratori Scriptores, V, 616 : « Tantaque virtutis fulciebatur gratia ut totam Siciliæ provinciam optime strenueque regens sub omni terrore constringeret, adeo ut non fur non latro aut raptor sive quislibet malefactorum ex latebris suis prodiens apparere auderet. »

(1) Glaber Rodulphus (Pertz, VII, 58) : « Nam omnis prouincia, quæ illorum ditioni subici contingebat, acsi unius consanguinitatis domus vel familia inviolatæ fidei concors degebat. Nempe furi ac prædoni apud illos comparabatur, quicumque hominum in aliquo negotio plus justo vel falsum quippiam venumdandum mentiens subtrahebat alteri. Egenorum quoque et pauperum omniumque peregrinorum tanquam patres filiorum curam gerebant assiduam. »

(2) Voir plus haut.

données en Normandie comme plusieurs des autres lois de Frode, et — à vrai dire — Saxo n'a pas bien compris quel était le peuple désigné par le mot « normanni » auquel ces lois avaient été données (1)? Au lieu de « Nordmænd » de la Norwége, ne faut-il pas comprendre « Normands » de la Normandie? N'est-il pas vraisemblable que nous avons ici un nouvel exemple du fait qui a causé tant de complications (2), la confusion résultant de la similitude de noms ?

IV. Ce fait que nous venons d'indiquer que plusieurs lois de Frode sont identiques aux lois de Rollon pour la Normandie, devient encore plus frappant lorsqu'on voit la tradition rapprocher ces deux princes d'une autre manière. Ainsi Saxo raconte, immédiatement avant de nommer ces lois de Norwége, que le roi Frode a suspendu un anneau d'or à un rocher en Norwége (nommé plus tard le rocher de Frode) et un autre dans la province Viken. Le Sverris Saga, chapitre CXCVIII, parle d'un Froda-aas (rocher de Frode), près Tunsberg en Viken. C'étaient des signes de la paix profonde qu'il avait su maintenir pendant son règne ; car personne n'osait les prendre. Plus tard il fit suspendre à un carrefour en Jutland, un anneau d'or massif dans le même but

(1) C'est complètement par accident que Saxo se sert ici de la forme Norvagienses au lieu de Normanni.

(2) J'ajoute à des exemples déjà cités : Adam de Brême appelle le prince danois Guttorm qui en 854, combattait le roi Horic, rex Normannorum (roi des Vikings); Chronicon Erici Regis l'appelle rex Nowegiæ.

et avec le même résultat (1). Selon « Chronicon Erici Regis » Frode fit mettre trois anneaux d'or à Skanœr, à Vordingborg et à l'Eider (2). Le Saga « Rymbegla » ne nomme qu'un anneau (à Jellinge).

Guillaume de Jumiéges (II, 20), raconte que Rollon et sa suite, se régalant un jour après la chasse sur le bord d'un lac (mara), près de la Seine et de Rouen, eurent l'idée de suspendre sur un chêne des anneaux d'or qui y restèrent tranquillement pendant trois années. Le lieu était appelé Roumare encore du temps de Guillaume. Ainsi, cette tradition de Rollon était connue en Normandie plus d'un siècle et demi après son règne et même fixée à un certain lieu.

Cette circonstance surprenante que la même tradition est attachée à un prince danois et à un prince normand n'a pas été assez appréciée. On regarde le fait comme indifférent en soi, parce que cette même tradition ou des traditions semblables se trouvent encore en plusieurs autres pays (3). Cette méthode de traiter les traditions me semble tout à fait fausse. Les traditions peuvent se ressembler, même à un haut degré, sans avoir de rapports l'une avec l'autre et sans être identiques. Il faut prouver que la ressemblance se base sur des points essentiels et puis examiner scrupuleusement la relation généalogique entre les traditions, pour bien comprendre ce qui est original et ce qui est dérivé.

(1) Saxo, p. 247, 255.

(2) *Script. Rer. Dan.*, I, 153.

(3) Licquet, *Histoire de Normandie*, I, 103 Pauli, The life of Alfred the Great, 142. Lappenberg, Geschichte, I, 335 Benoit. Ed. Michel, I, 340.

Il est, par exemple, bien connu que la plupart des nations ont rêvé d'un âge d'or dans la haute antiquité, et pourtant on aurait tort de soutenir que les peuples l'avaient appris l'un de l'autre. Ce n'est que lorsque ce rêve est dépeint de la même manière chez les deux peuples, qu'on peut supposer un emprunt ou une influence. Si la recherche a confirmé que c'est la même tradition qui existe chez l'un et l'autre peuples, il faut continuer par rechercher chez quelle nation cette tradition a pris naissance. Enfin, si on découvre qu'en outre un troisième peuple conserve la même tradition, cette circonstance n'affaiblit en rien ce fait que les deux autres peuples la possèdent; il faut examiner, en suivant la même méthode, les rapports et la dérivation de ces traditions.

Nous allons examiner de près cette tradition populaire. L'auteur le plus ancien, qui nous présente une tradition ressemblant à la tradition de Frode, est l'Anonymus Valesii ou l'auteur des « excerpta » qui forment les suppléments d'Ammianus Marcellinus dans plusieurs éditions de son histoire. Il y raconte que sous Théodoric une telle paix régnait en Italie, que si quelqu'un laissait sur les champs son argent ou son or, il était aussi bien gardé que s'il était en dedans des murs de la ville; aussi n'avait-on pas besoin de fermer les portes de la ville; chacun pouvait travailler à sa guise la nuit comme le jour (1). — Maintenant examinons si on a raison de trouver des relations entre ce récit et la tradition danoise-normande. Au point de vue chronologique,

(1) L'édition de Wagner et Erfurdt, I, 623.

il n'y aurait pas d'obstacles. Certainement l'Anonymus n'a pris rang dans la littérature que plusieurs siècles après le temps de Saxo, mais on ne peut pas en tirer la conclusion que son ouvrage n'aurait pas été connu dans le Nord dans un temps plus reculé; le peuple scandinave pouvait aussi connaître la tradition de Théodoric par d'autres voies. Il ne semble cependant pas que la tradition de ce fait ait été très-répandue; elle se trouve peut-être seulement chez l'Anonyme. Il est bien connu que Théodoric fut le héros de la tradition du moyen âge sur Didrik de Berne, mais nul roman n'a profité de cette tradition, que je sache. — Si nous regardons le contenu de la tradition italienne, il semble clair qu'elle n'a pas eu d'influence sur les traditions du Nord; le récit est tout à fait différent. C'était une *tradition*, dit-on, au temps de Théodoric qu'on pouvait tranquillement laisser ouvertes les portes de la ville toute la nuit; Rollon et Frode *défendent* par des lois de mettre son bien sous clef. La tradition du Sud dit qu'on pourrait prouver la paix qui régnait en déposant de l'or dans les champs, parce qu'on était sûr de le retrouver comme s'il eût été en dedans des murs. Les princes du Nord, au contraire, font une épreuve de la paix qu'ils savaient maintenir dans le pays.

La tradition la plus ancienne du Nord sur des faits analogues est racontée par Beda (mort en 735). Sous le roi Eadwin de Northumberland (vers 620), une telle paix régnait que c'était un proverbe au temps de Beda, qu'une mère pouvait marcher, son enfant sur les bras, d'une côte à l'autre sans être violée. Le roi faisait suspendre des gobelets de cuivre à tous les puits des chaussées et personne n'osait les prendre (1). — Une autre tradition est celle de Brian Borumha, roi d'Irlande depuis environ 1001 ; la paix du pays était si profonde que (d'après la traduction de Lally Tolendal) les poëtes irlandais pouvaient chanter :

Une vierge unissant aux dons de la nature
De l'or et des rubis l'éclat et la valeur,
A la clarté du jour ou dans la nuit obscure
D'une mer jusqu'à l'autre allait sans protecteur,
Ne perdait rien de sa parure,
Ne risquait rien pour sa pudeur.

Cependant les auteurs contemporains ne savent rien de cette paix et ne connaissent pas cette tradition (2). Des poëtes irlandais d'un temps assez moderne ont glorifié le règne de Brian par une tradition qui évidemment est empruntée au récit sur Eadwin. Enfin, nous trouvons dans la *Chronique Anglo-Saxonne* qu'au temps de Guillaume le Conquérant un homme chargé d'or pouvait traverser le royaume sans être attaqué (3). C'est à peine une tradition ; c'est seulement un ornement de style.

*Il* est évident que ces trois récits n'ont aucun rapport avec la tradition sur Frode. La tradition populaire a besoin d'images pour dépeindre la paix ; le

(1) Beda, II, ch. XVI.

(2) Cf. Moore, *History of Ireland*, II, 104; Todd, *War of the Gaedhil*, 138.

(3) The Anglo-Saxon Chronicle (éd. Thorpe, II, 189). La phrase se retrouve plus tard sur Henri I (voir *Chron. Petrib.* 1135).

fait tout à fait abstrait et passif que la paix règne dans le pays, ne lui suffit pas, il faut trouver une image et une forme. Ce fait reçoit des formes différentes chez les différents peuples. Si on avait trouvé par exemple chez un peuple de l'Asie centrale une tradition qui disait que sous un roi de la haute antiquité la paix était si grande qu'aucun arbre n'avait porté un voleur ou que les chemins conduisant à la potence étaient cachés par une forêt qui avait crû à sa place, qui pourrait donc prétendre que cette tradition dériverait de la tradition de Frode ou vice versa?

Enfin, nous arrivons aux traditions sur le roi Alfred. Ingulph (1130) raconte que sous Alfred, une telle paix régnait que si le voyageur oubliait dans les champs de l'argent, il était sûr de le retrouver le lendemain ou même un mois plus tard (1). S'il y a une tradition cachée dans ces mots — je n'y vois qu'un tour de phrase — ce n'est que la tradition de Théodoric qui a pu influer sur elle, non pas la tradition scandinave sur les anneaux d'or. — Guillaume de Malmesbury († 1141) et Mathieu de Westminster († à la fin du XIV$^{e}$ siècle) (2) racontent que le roi Alfred fit suspendre des anneaux d'or aux carrefours et que personne n'osait les prendre. Voici enfin une tradition identique à la tradition danoise-normande. Maintenant la question est de trouver les rapports et la dérivation.

Beaucoup de dates prouvent que la tradition sur

(1) Ingulph (éd. Savile), p. 495.

(2) Guillaume de Malmesbury (éd. Savile), p. 24. Mathieu de Westminster a. 892. Spelman, Alfredi Magni vita, p. 81.

Alfred ne peut pas être originale, et qu'elle est dérivée. Le roi Alfred mourut en 901, et, lorsque Ingulph, au XII<sup>e</sup> siècle (?), écrivait l'histoire de son époque, il ne dépeignait pas la paix sous son règne par cette image qui ne se trouve que plus tard chez Guillaume de Malmesbury. Ingulph se sert de l'autre image que je viens de nommer. La tradition chez Guillaume trahit son manque d'originalité en ne s'attachant pas à des lieux déterminés et en commettant cette exagération de faire suspendre des anneaux partout dans les carrefours. Aussi la tradition sur Alfred doit céder chronologiquement à la tradition sur Rollon, qui était non-seulement écrite, mais aussi attachée à des lieux fixes, avant que la tradition d'Alfred fût consignée par écrit. Il résulte de ces raisons que la tradition d'Alfred a été introduite en Angleterre de Danemark ou des colonies danoises.

Il ne reste donc qu'à examiner le rapport entre les traditions sur Frode et celle sur Rollon. Quoique la tradition de Frode ne soit écrite qu'un siècle après la tradition de Rollon, il semble pourtant naturel de la regarder comme originale. Elle a une affinité très-grande avec le mythe danois sur la paix de Frode; et elle est notée dans tant de sources indépendantes qu'elle doit être considérée comme une tradition nationale et ancienne, que les colons en Normandie ont renouvelée ou que peut-être Rollon lui-même a mise en action sérieusement ou par plaisanterie.

Puis il est assez remarquable que Saxo raconte la tradition deux fois, en disant d'abord que les anneaux furent suspendus en Norwége, où la place en tira son nom et puis en Danemark ; outre la tradition danoise il a peut-être entendu parler d'une tradition semblable chez les « Normanni », où le lieu en portait encore le nom (tel était le cas de la tradition de Rollon), et ainsi nous rencontrons de nouveau une confusion et un redoublement de la tradition causés par les noms consonnants des habitants de la Normandie et de la Norwége.

Je crois donc qu'il faut distinguer entre ces trois groupes de traditions :

I. Le récit de l'Anonymus sur Théodoric. Assez ressemblant à la tradition danoise, peut-être comme emprunt, la tradition d'Ingulph sur le roi Alfred.

II. Le récit de Beda sur Eadwin, auquel la chronique anglo-saxonne a emprunté sa description du temps de Guillaume le Conquérant, et auquel les Bardes irlandais ont puisé pour chanter Brian.

III. La tradition danoise sur le roi Frode renouvelée en Normandie, et plus tard adoptée par plusieurs auteurs anglais à la gloire d'Alfred.

---

Maintenant j'ai achevé mes longues recherches sur les lois de Frode. Je ne crois pas assurément avoir tiré de ces règles tout ce qu'il y a d'utile et d'instructif, et mon intention est d'en éclaircir encore beaucoup de points. Mais je crois avoir atteint mon but spécial, qui consiste à prouver que ces lois ont été données à l'armée des Vikings à l'Étranger, que nous retrouvons beaucoup de ces règles dans les lois de l'étranger et dans les sources historiques, et surtout qu'une partie de ces règles est conforme aux lois données par Rollon en Normandie. Si l'on objecte que je torture le texte de Saxo qui place les lois expressément en des temps beaucoup plus reculés, je puis défendre cette manière d'agir en invoquant ce que j'ai prouvé au deuxième chapitre, à savoir que Saxo n'a pas connu l'extension du temps dans les traditions danoises, et que, ignorant l'époque des Vikings, il a déplacé les événements et les situations par des siècles ou des milliers d'années. Saxo, ou la tradition avant lui, ont donné à un conquérant de la haute antiquité, à Frode, ce qui appartient à un chef des Vikings. Les lois, que la tradition attache au conquérant qui fit suspendre des anneaux d'or sur les arbres, ont été liées à ce roi de la haute antiquité, à qui la tradition sur les anneaux appartenait originairement, et enfin le nom équivoque « Normanni » a porté la confusion et dénaturé la tradition ici comme ailleurs.

---

## IX.

### L'ART MILITAIRE CHEZ LES NORMANDS.

SOMMAIRE : Les vaisseaux, leur grandeur et leur forme. — Les chantiers et les arsenaux des Vikings. — L'infanterie, la cavalerie, les enseignes, les armes. — Les Normands surprennent l'ennemi et l'épouvantent. — Ils savent utiliser le terrain. — Leurs ruses de guerre. — Ils savent se mêler aux chrétiens pendant la paix. — Les prisonniers. — Le butin.

Nous allons donner dans ce chapitre plusieurs renseignements et observations sur l'art militaire des Normands, surtout au IX<sup>e</sup> siècle, mais nous devons remarquer que nous puisons seulement aux sources écrites et comme d'ordinaire surtout à celles de l'étranger. En étudiant les antiquités, on pourrait élucider en beaucoup de points la vie des Vikings; mais pour ne pas nous éloigner trop de notre but et comme, d'ailleurs, M. Worsaae, dans ses ouvrages bien connus (1), a donné sur ce point des éclaircis-

(1) Worsaae, Minder om de Danske og Nordmændene i England, Skotland, Irland. — » », Den danske Erobring af England og Normandiet. — » », De Danskes Kultur i Vikingetiden.

sements précieux, je me bornerai ici à analyser les sources écrites.

Commençons par examiner l'équipement de la flotte. — Les sources ne nous donnent que peu de renseignements sur la grandeur des vaisseaux des Vikings au IXe siècle. Avant de les passer en revue, il sera utile, à titre d'introduction, de mentionner quelques sources sur le nombre des gens d'équipage à une époque plus avancée.

Les Sagas nous disent que Harald Graafeld, roi de Norwége au milieu du Xe siècle, est allé au Limfjord avec trois Langskibe, vaisseaux longs à quatre-vingts personnes. C'étaient certainement de grands vaisseaux royaux; les navires des particuliers avaient un équipage moins considérable. Le Saga des Joms-Vikings, chapitre VI et chapitre XIV, appelle le vaisseau de soixante ou soixante-dix personnes un grand navire, et, en général, dans ce Saga, l'équipage des vaisseaux se compose de quarante hommes. Sigmund de Fœrœ exerce la piraterie avec trois vaisseaux de quarante hommes (1). Selon Thietmar (VII, 28), Kanut le grand alla en Angleterre avec trois cent quarante vaisseaux à quatre-vingts personnes (2). Ce chiffre de quatre-vingt semble donc être le maximum au Xe siècle, et d'ordinaire l'équipage ne comptait que quarante à cinquante personnes.

(1) Færeyingasaga, ch. XVII. V. Munch, Norske Folks Historie, I, 2, 48, 143, 145.

(2) Les annales irlandaises des quatre Maîtres nous disent en l'an 1098, que trois navires des Vikings furent pris et que l'équipage, au nombre de 120, fut tué.

Les sources du IXe siècle nous donnent les exemples qui suivent. — En 897 le roi Alfred fit bâtir des vaisseaux pour faire la guerre aux « asks » des Danois ; ils avaient presque le double en longueur des navires danois, quelques-uns portaient soixante rames, d'autres même davantage ; ils étaient plus hauts et ils couraient plus vite et plus sûrement que ceux-ci ; ils n'avaient pas la forme de ceux des Frisons ou des Danois, mais celle qui lui parut la plus commode. Il faut en conclure que les « asks » des Danois, qui sans doute étaient leurs plus grands navires, avaient environ trente rames, et certainement un équipage de cinquante personnes. Ceci est affirmé par un autre récit. En 878 l'équipage de vingt-trois vaisseaux danois allait combattre l'armée du roi Alfred en Devonshire, et huit cent quarante guerriers danois succombaient. Chaque vaisseau avait donc perdu en moyenne trente-sept hommes ; la chronique ne raconte pas que les vaisseaux aient été pris et que l'armée tout entière ait été massacrée ; d'où il faut conclure que chaque navire avait un équipage minimum d'environ cinquante hommes. Les sources racontent que quarante mille Normands prirent part au siége de Paris en 885, et Abbo nous informe que les assiégeants avaient sept cents barques (grands vaisseaux) et, en outre, un grand nombre de petits navires et bateaux. Abstraction faite de ces petits bâtiments dont la plupart étaient sans doute des bateaux de munition ou des dépendances des grands vaisseaux, nous avons cinquante-sept personnes pour chaque barque. Si l'on évalue le nombre des petits navires à trois cents, nous trouvons une moyenne de quarante personnes pour l'équipage de chaque navire (1).

Les Vikings étaient appelés Ascomanni à cause de leurs grands vaisseaux « asks » (2). Chez les Francs, ces vaisseaux sont aussi nommés barques (3). Il paraît que le nom « Langskib » ne se trouve que plus tard dans les sources (4).

Les vaisseaux qui parcouraient les rivières de la Russie étaient d'une forme toute différente. Selon les auteurs grecs, c'étaient des monoxyla, creusés d'un seul tronc et naturellement d'une tout autre construction. Cependant ils contenaient presque autant d'hommes que les navires de l'Europe occidentale. Quand Oleg alla en expédition contre les Grecs (en 907), sa flotte suivant Nestor comptait deux mille vaisseaux à quarante personnes, ce qui est affirmé par un récit grec portant que vingt Pamphyles contenaient huit cent trente guerriers ou quarante-un à quarante-deux dans chaque vaisseau (5). Les navires étaient des bateaux de rivières qui se manœuvraient principalement à l'aide de rames ; la voile et le cordage

(1) J'ai basé sur ce résultat mes recherches sur le nombre des guerriers dans l'armée normande ; voir mon « Indledning ». p. 209-218.

(2) Adam. Bremens. *De situ Daniæ*, IV, 6 : « Piratæ, quos illi Wichingos vocant, nostri Ascomannos. »

(3) Pertz. Scriptores, I, 501, II, 208, 779.

(4) Bouquet, VII, 121 ; IX, 138 ; X, 138. — Voir sur l'ornement des vaisseaux Scr. Rer. Dan., II, 456, 476. Les vaisseaux remontent les rivières tirés par des cordes, voir Angl.-Saxon. Chron., 893, 895. Thietmar, VII, 28.

(5) Constantin Porphyrogénète, Ceremoniæ, II, 44, p. 652.

n'y prenaient que peu de place et ne jouaient qu'un rôle secondaire ; on pouvait les charger beaucoup plus lourdement que les vaisseaux de mer. Ils étaient construits pour la plupart dans l'intérieur de la Russie. Constantin Porphyrogénète nous décrit comment les Slaves tributaires coupent pendant l'hiver les arbres sur leurs montagnes, les dégrossissent, et les lancent à la rupture des glaces par les fleuves jusqu'à Kijew. Ils sont traînés aux chantiers des Russes, où ils sont vendus et équipés (1).

Comme à Kijew, les Normands avaient établi des chantiers et des arsenaux (2) dans toute l'Europe, et spécialement sur les îles où ils prenaient leurs quartiers d'hiver et fixaient leur résidence. Ils préféraient entre toutes les îles situées à l'embouchure des grands fleuves. Walcheren était le centre des pirateries sur la Meuse, sur l'Escaut et sur le Rhin ; de l'Oissel à la Seine, les navires remontaient ce fleuve et ses affluents ; de Noirmoutiers, les bateaux couraient à

(1) De administr. imper., ch. IX.—Cf. Liudprand, V, 6 : « Russorum naves ab parvitatem sui ubi aquæ minimum est transeunt, quod Græcorum chelandria ob profunditatem sui facere nequeunt. »

(2) Pertz, I, 470 : « N... descendentes per Sequanam usque ad locum sibi aptum ad reficiendas suas et novas faciendas naves perveniunt. » Mabillon, Acta SS. Ord. S. Benedicti, II, 387 : « Interea stationem navium suarum, acsi asylum omnium latrunculorum in insula quadam Cœnobio S. Florentii supposita componentes mapalia quoque instar ædificaverunt burgi, quo captivorum greges catenis adstrictos asservarent, ipsique pro tempore corpora a labore reficerent expeditioni illico servitura : ex qua inopinatos discursus agitantes, modo navibus, modo equis delati totam circumcirca delevere Provinciam. »

Nantes, à Tours et à Orléans. Dans la mer Noire, les îles St-Grégoire et St-Æthère étaient les points de départ des expéditions des Russes contre la Grèce et les autres pays orientaux (1). Les Grecs s'aperçurent du péril où ils s'exposaient en laissant les Russes dans ces îles, aussi firent-ils stipuler par le traité d'Igor, chapitre x, que les Russes ne devaient pas hiverner à l'embouchure du Dniéper, mais retourner en Russie à l'automne.

Les Normands savaient très-bien porter ou tirer leurs vaisseaux à de grandes distances de terre, surtout pour les transporter d'une rivière à une autre ou de la mer aux lacs de l'intérieur. En Irlande, par exemple, les Vikings tirent très-souvent leurs bateaux jusqu'aux grands lacs qui abondent dans ce pays ; ils bâtissent une forteresse au bord du lac et font une guerre continuelle contre tout le voisinage. Sous les yeux des Parisiens stupéfaits, les Normands tirent leurs bateaux de la Seine au-dessous de Paris pour les traîner à terre à une distance de deux mille pieds ; ils les remettent à flot sur la Seine au-dessus de Paris (2). Les Sagas nous racontent comment les Norwégiens mènent souvent par terre une flotte assez considérable aux grands lacs du pays ; naturellement ils choisissent pour ces expéditions des bateaux de grandeur moyenne. Les Russes, dans leurs expéditions par le Dniéper, à plusieurs des cataractes du fleuve,

(1) Rambaud, *L'empire grec au X^e^ siècle*, Constantin Porphyrogénète, p. 370.

(2) Pertz, I, 599, 601.

étaient obligés de tirer les vaisseaux par terre ou même de les porter sur leurs épaules (1).

Les Normands eurent indépendamment de leurs fantassins, une cavalerie au moins dès que « les armées » commencèrent à se former. Il ne semble cependant pas qu'ils aient emmené des chevaux de leur pays, quoique plusieurs sources nous apprennent qu'ils traversaient la Manche avec des chevaux (2). Les Vikings cherchaient à se procurer des chevaux le plus vite possible après leur arrivée. Ainsi la chronique anglo-saxonne, pour 866, raconte qu'une grande armée païenne aborda à Estangel, y prit quartier et y trouva des chevaux (and thær gehorsade wurdon); et dans la chronique pour 881, on trouve que l'armée vint en France, combattit contre les Français et qu'elle fut munie de chevaux après le combat (tha ward se here horsad). Si les Normands ne pouvaient pas les obtenir par la piraterie, ils cherchaient à s'en procurer à l'aide d'argent, et les réquisitions de chevaux étaient toujours grandes (3). Ils étaient dressés par les Vikings et habitués à la

(1) Voir mes études sur cette question et beaucoup de citations dans mon Indledning, p. 355-358.

(2) Monumenta Britt., I, 689 : « Omnibus equis, quos de Francia adduxerant, derelictis. » A. S. Chron., 893 : « The great army... came to Boulogne and was there shipped so that they in one voyage made the transit, with horses and all. »

(3) Duchesne, *Hist. Fr. Ser.*, II, 658 : « Studebantque praeterea vicissim equis quatenus aliquos nobilium gratia pecuniæ capere possent. » Willelm. Gemmet, II, 7 : « Primo quidem pedites eo quod equitandi peritia deesset : deinde equis vecti more nostratum per omnia vagantur. »

guerre normande. Voilà pourquoi plusieurs auteurs ont dit par méprise, qu'avant leur arrivée les Normands ne savaient pas monter à cheval ; ce qui n'est pas juste (1). — Les chevaux servaient aux transports ou à monter les guerriers ; la cavalerie normande se trouve fréquemment mentionnée (2), mais incontestablement les Vikings préféraient le combat à pied.

Aussitôt que les Normands avaient mis pied à terre, l'enseigne ou l'étendard était le centre autour duquel les troupes se rassemblaient (3), et il joue un grand rôle dans leurs guerres. C'était un pavillon orné d'un tableau où était une figure à l'extrémité de la hampe. L'étendard des fils de Ragner Lodbrok était un corbeau qui battait de l'aile quand il voyait la victoire de ses troupes (4).

Généralement le fanion était rouge couleur de

(1) Cependant il est certain que les Russes normands n'eurent une cavalerie que fort tard. Leo Diaconus, VIII, 4 : « Neque enim præliandi ex equis consuetudinem habent neque in ea re exercentur. » IX, 1 : « Scythæ vergente die cœperunt cum equitatu ex mœnibus prodire, tuncque primum in equis sedentes apparuerunt. Consueverant enim semper pedibus prælium inire, quod nullum habent neque in sellas ascendendi neque ex equo cum hostibus pugnandi usum. »

(2) Pertz, I, 592 : « Cum inæstimabili multitudine peditum et equitum. » II, 200 : « N... cum equitibus et peditibus atque omni supellectili veniunt. » Three fragments, 167 : « A great slaughter of the aes-gradha (servants of trust) of the king of the Lochlanns... i. e. of the cavalry of the king of the Lochlanns. »

(3) Pertz, I, 408 : « Regia signa 16 ablata. » Dudo 130 : « Sin vero majori sorte equites egressi essent mavortia erigebant vexilla prælii. » Flateyjarbok, II, 72-73.

(4) Cf. Scr. Rer. Dan., II, 485 : « Vexillum meri portenti... tempore belli semper in eo videbatur corvus, etc. »

sang (1). Les ennemis trouvaient ces enseignes horribles et épouvantables (2).

Les armes des Normands étaient des glaives qui sont dépeints comme grands et lourds (3), des lances, des haches (4), des javelots et des arcs. Le bouclier était peint (5) le plus souvent de couleur rouge (6). Il semble avoir été de la hauteur d'un homme; défense excellente, il cachait presque entièrement son guerrier. Pendant la marche, le bouclier est jeté sur le dos, mais quand l'armée est rangée en ordre de bataille les soldats le tiennent à la main (7). A l'aide des boucliers les Vikings forment les célèbres tortues de boucliers impénétrables, derrière lesquelles ils se rassemblent en carré pour résister à l'ennemi qui veut les enfoncer. Quelquefois les Vikings se

(1) *Roman de Rou*, I, 201 : « Cil porta gonfanon d'un drap vermeil d'Espaingne. » Albertus Aquens., *Hist. Hierosolom.*, p. 246 : « Signum nempe Beemundi quod sanguinei coloris erat.

(2) Pertz, I, 408 : « Signa horribilia. »

(3) Ibn-Foszlan, 5; Three fragments 165 : « Many darts and half javelins were discharged between them and at last they took to their heavy, strong striking swords. »

(4) Kunik, II, 337 ; Ibn Foszlan 5 : « Jeder führt eine Axt, ein Messer (Dolch) und ein Schwert bei sich. Ohne diese Waffen siehtman sie nie. » Benoît, V., 37307; Ord. Vital, II, 44; V., 4, 128; Dudon, 255.

(5) Abbo, I, 256 : « Prospiciens turrisque nihil sub se nisi picta scuta videt. » 266 : « Tanta miraretur testudine picta »; cf. Saxo, p. 154.

(6) *Roman de Rou*, I, 50 : « Par les eles vermeilles ki a senestre sont, peuz les escuz entendre k'a lor cols porteront. » Reliques of Irish poetry by Miss Brooke, p. 44.

(7) Dudon, 241 : Stabat autem illic Dacorum dilecta juventus, adnixa hastis, tenensque scuta in manibus. »

mettent ventre à terre cachés par leurs boucliers, ou s'assemblent resserrés à genoux derrière ces mêmes boucliers pour paraître en moins grand nombre (1).— Un bouclier hissé en l'air est le signe de paix. En 882, les Normands à Aschloh levaient leurs boucliers en signe de paix (2). Oleg suspend son bouclier à la porte de Constantinople « en signe de sa victoire. » Saxo raconte que le roi norwégien Hithin, qui court au secours du roi Frode, suspend un bouclier au mât pour s'annoncer comme ami, et de même il est dit que Gelder hisse un bouclier pourpré au mât en signe de paix (3). Selon Orderic Vital, un chef norwégien à la fin du XIe siècle, en expédition en Angleterre suspendit un bouclier rouge au mât en signe de paix (4). Les Sagas islandais demandent

(1) Leo Diac., VIII, 9 : « Tauroscythæ cuneos suos hastis scutisque rigentes condensatasque adeo ut murorum speciem haberent, in aciem applicant. » IX, 8 : « Aciem condensam dirigunt infestis pilis. » Dudon, 156 : « Daci hinc et inde per planitiem accubitarunt atque scutis se cooperverunt...Normanni autem se conglobantes strictim accubitaverunt se ut parvissima putaretur summa eorum. » 275 : « Tunc robusta manus Northmannorum conjunctis complicatisque ad invicem clypeis acie corusca mucronum aggrediens invadit armatos obstantesque Francos. »

(2) Pertz, I. 396 : « Ut pax ex illorum parte rata non dubitaretur, clipeum iuxta morem suum in sublime suspenderunt. »

(3) Saxo, 238 : « Erecto in malum scuto socios adventare significans ; » 116 : « Mali cacumen puniceo scuto complexus (indicium id pacis erat). »

(4) IV, 30 : « Rubeum scutum, quod signum pacis erat, super malum navis erexit. » Cf. les lois anciennes de la Norwége, I, 335.

dans ce but un bouclier blanc, ce qui sans doute se rapporte à un temps chrétien et plus avancé (1).

Les Vikings portaient toutes ces armes sans le moindre embarras ; car, selon les récits unanimes de tous les pays, c'étaient de vrais athlètes ; ils sont dépeints presque comme les adolescents de la Palestre, aussi hauts (2) que légers et adroits (3). Les Normands en Italie nous apparaissent comme de vrais géants. Thorstein Scitel, les bras nus, saisit un lion dans la cour du château à Salerne et le lance par dessus les murs. Guillaume Bras de Fer transperce avec sa lance un Arabe de part en part. Roger fend un Arabe d'un seul coup, et on raconte de Hugo Tudebod, qu'après avoir caressé quelque temps le cheval d'un ambassadeur grec, il lui donna subitement un coup si violent sur le front qu'il le fit tomber roide mort. Tancrède de Hauteville enfonça si profondément son glaive dans la tête d'un sanglier, que le fer pénétra jusqu'à la garde (4).

Rien de plus terrible que ces guerriers se précipitant sur les rangs de l'ennemi avec leurs glaives pesants, qu'ils maniaient si adroitement. Leurs adversaires se fondaient comme « la cire au soleil brûlant, » et les guerriers moissonnaient des morts « comme le

(1) P. E. Müller : « Notæ uberiores in Saxonem, p. 111. »

(2) Voir plus haut, le chapitre sur Rollon.

(3) Ermoldus Nigellus, IV, 14 ; 17 : « Pulcher adest facie vultuque statuque decorus. » — Cf. Sur les femmes du Nord, *Three fragments*, 167 : « The Lochlanns escaped... leaving behind them much gold and silver and fair women. »

(4) Muratori, *Scriptores*, V, 552, 559, 561 ; Aimé, *l. c.*, 268, Willelm. Gemmet., VIII, 30.

paysan fauchant du blé, » — on se raillait même de cette façon de faire la guerre quand les Vikings semblaient plutôt « tuer des bestiaux que combattre des hommes (1). »

Les cors sonnaient l'attaque, et les Normands hurlaient comme des barbares (2) ou poussaient les cris de guerre convenus. Selon une chronique irlandaise, les Normands se sont écriés « nui, nui » (à présent) (3). Dans le cri « Tur aïe! » (que Thor aide !), dont un chevalier normand se sert encore au XIe siècle, nous retrouvons peut-être un ancien cri de guerre normand (4), plus tard au moins « Dex aie » fut le cri de guerre des Normands français (5).

Nous allons maintenant examiner ce qui distingue l'art militaire des Normands (6), cet art que leurs ennemis mêmes respectent et admirent.

(1) Pertz, 592 : « Ut bruta animalia non homines mactari viderentur. » Dudon, 275 : « Velut lupi per bidentium ovilia occidens et prosternens hostium severiter agmina. » Gaufred Malaterra, I, 10 ; II, 30.

(2) Pertz, I, 408 : « Pagani more suo clamantes ; » 578 : « Cum ingenti clamore ; » 592 : « Super eos cum clamore irruunt. » Leo Diaconus, VIII, 4 : « Tauroscythæ... belluarum ritu rugientes... sublato absono vastoque ululatu ; » 10 : « Fanaticorum ritu rugientes ; IX, 9. »

(3) *Three fragments*, 165 : « The raised foreign barbarous shouts there, and blew warlike trumpets, and many said : Nui, nui. ».

(4) *Roman de Rou*, II, 32 : « Poinst li cheval criant : Tur aïe. »

(5) Voir Gauttier d'Arc, *Histoire des Conquêtes des Normands en Italie*, I, 173.

(6) Dudon, 155 : « Vos artem præliandi more Dacorum non ignoratis. »

D'abord les Normands surprennent presque toujours l'ennemi. Leur flotte se cache derrière un cap jusqu'à ce qu'un vent favorable la pousse à pleines voiles vers la côte. Ainsi une fois la flotte normande, profitant d'un vent de nord, passe la Manche à voiles déployées; au lever du soleil elle attaque avec fureur une ville française; les maisons seules sont épargnées (1). Les flottes normandes sont souvent dépeintes comme des monstres marins qui sortent de l'eau (2). C'est de la même manière que les Normands avancent par terre. Ils ne divulguent jamais leur intention (3), » mais la nuit, à la faveur du clair de la lune, les troupes se mettent subitement en route et avancent à marches forcées (4). Si l'armée est coupée ou si elle craint d'être entourée, ou si peut-être elle s'attend à une

(1) Pertz, I, 439 : « Normannorum classis in emporio quod Quantovicus dicitur repentino sub lucem adventu depraedationibus, captivitate et nece sexus utriusque hominum adeo debacchati sunt, etc. »

(2) Pertz, I, 461 : « Irruentes super quietos et securos habitantes improvise civitatem ceperunt; » 568 : « Repentina irruptione civitatem Namnetis invadunt; 578 : repente N. a munitione exiliunt. Duchesne, 458 : « Ex insperato de mari quasi turbo vehemens. » Bouquet, IX, 143 : « Nortmannica feritas subito atque inopinate frementibus belluis similis emergens. » *Monum. Britt.*, I, 509 : « Advecta est subito Danorum classis. » Gale, *Scriptores*, I, 535 : « More enim luporum subito incursu a silvis erumpentium littoribus naves impellebant. »

(3) Duchesne, *Hist. Francor. Scr.*, II, 656 : « Quotiescumque tale quid agere disposuissent dissimulabant se multis diebus ante nullatenus quoquam ire, ne cui illorum furtivus innotesceret aduentus. »

(4) Pertz, I, 515 : « Ut luna eis illucescit ab ipsa villa egressi, itinere, quo venerant, redierunt. »

attaque à laquelle elle n'ose pas s'exposer, elle profite de l'obscurité de la nuit pour se dérober (1).

Il faut aussi noter la sécurité avec laquelle les grandes armées s'avancent en pays étranger. Les Normands savent toujours sonder le terrain et ils connaissent la position de l'ennemi, soit par corruption (2), soit à l'aide d'espions (3); ils reçoivent les renseignements nécessaires, de sorte qu'ils surprennent presque toujours l'ennemi, tandis qu'il leur arrive rarement d'être surpris. De plus les Normands savent profiter du terrain à un tel degré que les ennemis mêmes les admirent. Les versants de montagnes, les cols, les forêts et les déserts masquent toujours leurs mouvements, soit qu'ils avancent ou qu'ils battent en retraite après une bataille perdue (4).

(1) Pertz, I, 591 : « Cadavera suorum flammis exurentes noctu diffugiunt. » *A.-S.-Chron.*, 876 : « The army stole away to Wareham . . . the mounted army stole away from the army by night to Exeter. »

(2) Pertz, I, 396 : « Ita factum foret, ni nostri muneribus corrapti, ut fama refert, de parte Francorum proditores essent, et impedirent. »

(3) Pertz, I, 603 : « Hæc sermocinantibus subito apparuerunt speculatores Nordmannorum. »

(4) Pertz, I, 531; 602 : « Nordmanni superiora tenentes circa Leodium Mosam transierunt et hostilem expeditionem a tergo relinquentes in sylvis et paludibus . . . disperguntur, etc.; » 603 : « N. . . nequaquam ausi sunt se committere planioribus atque campestribus locis sed silvas semper tenentes »; II, 205 : « Odo . . . propter loci incommoditatem nil eis damni intulit. . . per invia loca parent N. redire ad castra; » 209 : « N. netentes more solito loca importuna. » Lupi epist.; 102, p. 162 (éd. Baluze): « Quibus jam peccatis nostris talia merentibus, nihil longinquum non est propinquum, nihil arduum est invium. »

Si le terrain n'était pas favorable pour le combat ou pour la défense, ils savaient se procurer les avantages qui leur manquaient par leur grande habileté dans les travaux de retranchement ou de mines. Les Normands ne font jamais halte sur un terrain plat; si le campement ne présente pas des fortifications naturelles, ils en forment à l'aide des matériaux à leur portée, tels que des arbres coupés, de la terre, des haies, et des terrassements de toutes sortes (1). Dudon raconte comment sous Rollon quelques troupes attaquées fortement par la cavalerie ennemie et ne trouvant pas de défenses naturelles à leûr portée, s'avisèrent de tuer le troupeau de chevaux, d'ânes et de brebis qu'ils avaient emmené. Ils écorchèrent les animaux à moitié et en bâtirent un retranchement, les corps sanglants formant front à l'ennemi. Les chevaux de l'ennemi se cabrèrent devant ce retranchement horrible, et refusèrent d'approcher, pendant que les Vikings s'embarquèrent tranquillement sur leurs navires (2). Dans l'art des siéges, les Normands étaient particulièrement des maîtres. Cachés dans des tranchées, ils arrivaient près de la ville assiégée; au moyen de branchages mobiles, ils établissaient promptement des retranchements près des murs; des voitures couvertes de toits pour abriter les guerriers, et dont

(1) Dudon, 155: « Munientes se per gyrum avulsæ terræ aggere. » Pertz, I, 578: « Cognoscentes se effugere non posse quamdam villam ingrediuntur ubi se, quantum hora permisit, communiunt. » *A.-S.-Chron.*, 893. Bouquet, *Historiens,* VIII, 8, 53 : « Sæpibus more eorum munitione septa; » 73: « Ligno et terræ congerie more solito se communiunt. »

(2) Dudon, 165.

les roues étaient cachées, s'approchaient des remparts et permettaient aux assiégeants de percer les retranchements (1).

La ruse des Normands est bien connue. On ne pouvait pas se fier à leurs mouvements. Si leur attaque était à craindre, leur fuite ne l'était pas moins, les ennemis savaient bien qu'ils essayaient souvent de disséminer leurs troupes par une fuite simulée en attirant l'ennemi par des marches forcées, tantôt sur des tranchées cachées, tantôt sur un terrain dangereux. Très-souvent tout le combat n'est qu'un stratagème pour amener l'ennemi devant une embuscade (2). Un jour Rollon bâtit un retranchement avec une ouverture assez large, et à l'abri des remparts ses guerriers étaient couchés feignant de dormir cachés derrière leurs boucliers; les Français étaient à peine entrés que les Vikings se levaient brusquement, les attaquaient et les mettaient en déroute (3). Dans la bataille d'York, les Danois

(1) Pertz, I, 524 : « Cum diverso apparatu armorum et machinarum ipsam concutiebant civitatem; » 525 : « N. Meldis civitatem obsidione vallant, machinas instruunt, aggerem comportant ad capiendam urbem. » Dudon, 164 : « Sepes et parietes quos Daci ad capiendam civitatem fecerunt. Gaufred Malaterra, *I, ch. x* : ipsa castra ... exercitu vallantes oppugnabant machinamentisque, quibus doctissimi artifices erant, ad id officii agendum necessariis aptatis, muros et turres crebis ictibus impingendo funditus diruebant. » Ibn-al-Coutia, Dozy, *Recherches*, II, 286 : « Les Madjous lançaient des flèches brûlantes sur le toit de la mosquée. »

(2) Dudon, 143, 255 : « Simulantes fugam quasi hostibus convicti. » Bouquet, XI, 209.

(3) Dudon, 155-156.

s'étaient retirés derrière les murs de la ville, feignant d'être vaincus; mais l'ennemi n'y était pas plus tôt arrivé que les Danois l'attaquèrent terriblement et en firent un grand carnage (1).

L'habileté et l'adresse des Normands se manifestent encore dans un grand nombre de ruses de guerre bien connues. Nous en avons déjà examiné deux, la ruse des moineaux qui mettent le feu à la ville assiégée et l'enterrement simulé. — Une autre ruse est l'emploi de fosses profondes couvertes de claies et de feuillages qui s'écroulent sous le poids de l'ennemi et l'entraînent dans leur chute. Un piége de ce genre causa la mort du duc Henri devant Paris en 886. Les Normands l'avaient attiré près d'eux; en traversant un de ces fossés, large de plus d'un pied et profond de trois, couvert de paille et de feuillage, il y tomba avec son cheval et ne tarda pas à être massacré (2).

Par leur audace extraordinaire ils poussent souvent l'affaire à bout et se contraignent eux-mêmes à un combat décisif en risquant le tout pour le tout; c'est une tradition qu'on trouve dans plusieurs pays que les Normands, débarqués dans un pays étranger, brûlent leur flotte pour se couper toute retraite (3).

L'adresse des Normands leur apprend à changer

(1) *Monum. Britt.*, I, 553.

(2) Duchesne, *Script. Norm.*, 12; Bouquet, IX, 47; Pertz, I, 524, 596. Müller, *Notæ uberiores*, 76; Saxo, 163.

(3) Saxo, 485; Knytlinge Saga, ch. II. Gaufred Malaterra (Muratori, V, 584): « Ut suis omnem spem fugæ auferendo ad defensionem sui ardentius inflammaret, naves suas... omnes (Robertus) combussit. »

promptement de rôles, s'ils sont en danger. Le Viking accepte le christianisme, s'il voit qu'il ne peut pas réussir comme ennemi païen ; ou bien il fait modestement la demande de rester dans le pays comme marchand paisible, et presque jamais il n'essuie un refus. Lorsqu'en 873 les Normands de la Loire se virent menacés par l'armée de Charles le Chauve, ils demandèrent la permission de rester dans les îles du fleuve jusqu'en février, pour y trafiquer (1). Rollon, après avoir abordé dans les États de Gudrum, craint d'être attaqué par le roi et demande la permission d'y rester jusqu'au printemps prochain et le droit de négoce (2). De même Ivar, fils de Regner Lodbrok, demande au roi Ella un coin de territoire lorsqu'il voit que le roi lui serait supérieur dans la lutte. — Les ennemis leur accordent toujours ces avantages, ce qui nous démontre d'une manière très-remarquable que les chrétiens reconnaissent que les Vikings peuvent devenir des citoyens habiles. Il ne faut pas croire à une trop grande différence, en fait de civilisation, entre les Vikings et l'ennemi, qui s'amalgame facilement avec les Normands. Le grand nombre des apostats (surtout en Irlande) et des déserteurs à l'armée des Normands (3), prouverait un état trop triste dans

(1) Pertz, I, 496 : « Ut eis in quadam insula Ligeris fluvii usque in mense F. residere et mercatum habere liceret. »

(2) Dudon, 147 : « Vendendi atque emendi sequestram pacem petimus. »

(3) Pertz, I, 444 : « Alii nempe plures, quorum in cordibus fides minime radices ceperat . . . illorum se fœderi et vitiis associabant »; 462 : « Pippinus Pippini filius ex monacho laicus et apos-

la société des états chrétiens, s'il y avait eu entre les Vikings et leurs ennemis, la différence qu'on a voulu soutenir. Les indigènes ont très-bien senti que ces peuples du Nord leur étaient déjà supérieurs, même en beaucoup de points qui ne touchent pas à la guerre.

Cette politique des Normands de changer de religion et d'accepter les dieux de l'ennemi était pratiquée par eux de la manière la plus large. On trouve des exemples remarquables de la façon dont ils cherchent à plaire indifféremment à tous les dieux. Landnamabok (III. 12) nous raconte que Helg eMagre, qui était chrétien, n'en sacrifiait pas moins à Thor dans ses expéditions de piraterie. Les annales de Xanthen nous racontent qu'en 845, les Normands, frappés d'une maladie contagieuse, tirent au sort à quels dieux il fallait demander secours, mais aucun ne semble vouloir les assister. Alors un prisonnier leur propose d'interroger le dieu des chrétiens; ils tirent au sort de nouveau; le dieu qu'ils invoquent est favorable et il leur vient en aide (1). Une histoire semblable est racontée dans la Vita Anscharii (ch. XXVII); les Vikings suédois en expédition à Kurland ne peuvent pas trouver de dieu qui les aide; un chrétien leur propose d'interroger Jésus-Christ; ils tirent

tata factus se Nortmannis conjungit et ritum eorum servat; » 486 : « Apostatam monachum . . . qui se Nortmannis contulerat et nimis christianis infestus erat decollari fecerunt. » *Three fragments*, 127 : « In this year many forsook their Christian baptism and joined the Lochlanns; » 139 : « And though the original Northmen were bad to churches, these were by far worse. »

(1) Pertz, *Script.*, II, 228.

au sort et trouvent que le dieu des chrétiens veut les assister. En 851, comme deux armées de Vikings étaient aux prises en Irlande, Horm, chef de la partie vaincue, propose à ses guerriers de recommencer le combat sous les auspices de saint Patrick. Les Vikings approuvent le choix de ce Saint, que leurs adversaires ont outragé si souvent en pillant ses églises et ses monastères; on lui promet même une partie du butin. La victoire gagnée, un trésor d'or et d'argent fut donné à saint Patrick (1). Les Normands devant Paris permettaient aux prêtres de célébrer la messe à ses autels (2).

Les Normands dans leur pillage n'épargnaient personne. Les vieillards, les femmes, les enfants, tous devaient succomber sous leurs glaives (3). Ce procédé était la conséquence de leur manière de faire la guerre; ils s'aventuraient si loin dans les pays ennemis, et avec si peu de guerriers, qu'il leur était nécessaire d'épouvanter les habitants par un effroyable massacre et de leur ôter ainsi toute idée de résistance. Toutes les personnes susceptibles de se venger sont en conséquence mises à mort. Mais il est rarement raconté que les Vikings aient torturé leurs prisonniers (4).

Les Normands qui tombent dans la bataille sont enterrés avec soin par les Vikings, en revanche ils

(1) *Three fragments*, 121-125.

(2) Abbo, II, v. 105 et suiv.

(3) Pertz, I, 519 : « Ipsi enim Dani nemini nec etiam ætati parcebant; » 521 : « Per omnes enim plateas jacebant cadavera clericorum, laïcorum, nobilium atque aliorum, mulierum, juvenum et lactantium. »

(4) Continuator Theophanis, p. 425.

montrent leur dédain pour l'ennemi en laissant ses morts sans sépulture (1). Les sources de l'Occident indiquent rarement que les Normands brûlent leurs morts (2), mais à l'ouest, chez les Russes, ce genre de funérailles était très-fréquent (3).

Les trophées de victoire étaient surtout les enseignes et les armes des chefs des ennemis. Ainsi à la bataille de Hastings on dépouilla le corps de Harald et on apporta ses insignes à Guillaume (4). La tête de l'ennemi était aussi un trophée (5). Mais comme il était glorieux de gagner des trophées, il était au

(1) Dudon, 143 : « Rollo sui exercitûs mortuos sepelivit, regis autem inhumatos reliquit ; » 145 : « Occisorum corpora terra condit ; » 242 : « Ad humandum detulerunt exanimes suæ gentis. »

(2) Pertz, I, 591 : « Nordmanni cadavera suorum flammis exurentes noctu diffugiunt. »

(3) Ibn-Foszlan, 11, 104-105.

(4) *Chroniques anglo-normandes*, II, 249 : « Quia statim letati vulnere confosso quicquid in eo regalis erat insignii duci deportatum est signum scil. prostrationis regie, quoniam consuetudinis erat antique et adhuc credimus moderne, in regum expugnatione vel castrorum captione magnis eos donari muneribus, qui primi possent regis conum deicere et regi offerre vel primus castro expugnato regis vexillum precipue ipsius castri munitioni eminentis. »

(5) Saxo, 455 : « Abscissum caput prora excipi mandans ; » 759 : *Three fragments;* 117 : « The Danes beheaded every one they killed »; 187 : « His head was afterwards brought to the Lochlanns, who placed it on a pole, and continued for some time to schoot at it, and afterwards cast it into the sea. » Gaufred Malat., I, 39 : « Caput abscissum lanceæ supponens. » *Leo Diaconus,* IX, 5 : « Rati Imperatorem esse ... caput pilo fixum in turribus constituunt Romanos irridentes quod eorum Imperatorum victimæ ritu obtruncassent. » *Flateyarbok,* ch. CLXXVII.

même degré déshonorant de laisser ses armes au pouvoir de l'ennemi (1). Roger ôta la selle de son cheval mort et l'emporta sur son dos pour ne pas laisser un trophée entre les mains des Arabes (2).

Dans le commencement du temps des Vikings, les Normands ne semblent pas avoir fait de prisonniers. Plus tard c'est le but principal de leurs expéditions; car les Vikings avaient établi une nouvelle sorte de négoce par la vente des prisonniers que les amis et les parents devaient racheter au prix d'énormes rançons. Ils savaient très-bien choisir les prisonniers et s'emparer des personnes pour lesquelles ils pouvaient réclamer une forte rançon. — Les femmes sont souvent prisonnières. Lors d'un pillage en Irlande, en 820, beaucoup de femmes furent emmenées, et en 837, les Normands volèrent beaucoup de femmes dans la Walcheren (3). Les clercs et les abbés sont aussi très-souvent au nombre des captifs (4). L'ermite du rocher Skellig Michael (en Irlande) fut emmené en esclavage (5), des évêques et d'autres

(1) Le Saga de Olaf Trygvason, ch. LX. Cf. *Three fragments*, 167 : « Some of them had not gone far, in consequence of weakness ... or who were ashamed to fly; when these perceived the host of the son of Gaithin collecting the spoils which they had abandoned to them, they came after them. »

(2) Gaufred Malaterra, II, 30.

(3) Pertz, II, 226 : « Pagani vastaverunt Walicrum multasque feminas inde abduxerunt captivas. » — Cf. Bouquet, X, 151. Gjessing dans les Annaler for nord. Oldkyndighed, 1862, p. 83 et suiv.

(4) Pertz, I, 521 : « Servitoribus divini cultus ... ultra mare venditis. »

(5) The war of the Gaedhil, p. 38.

personnes du haut clergé « furent également transportés de l'autre côté de la mer. »

Les prisonniers étaient employés comme des serfs. Quelques-unes des femmes devinrent les épouses des Vikings, mais la plupart devaient être employées en qualité de servantes. Cependant les Vikings étaient souvent forcés de se débarrasser de leurs prisonniers en les tuant. Ainsi il est raconté qu'en 926 les Normands avant la bataille tuèrent tous leurs prisonniers (1). Abbo raconte même que les assiégeants de Paris tuèrent leurs prisonniers pour en remplir les fossés (2). Quelquefois les prisonniers étaient sacrifiés à l'occasion de quelque cérémonie religieuse, par exemple d'un enterrement (3).

Le butin apporté en Danemark de l'Ouest et du Sud était immense ; maître Adam de Brême raconte (IV, 6) que le pays abondait en richesses volées. Lorsque les Frisons, en 885, eurent vaincu une flotte danoise qui avait remonté la Saxonie, ils y trouvèrent tant d'or et d'argent que chaque soldat Frison devint riche, et en 882, deux cents navires furent envoyés en Danemark chargés de prisonniers et des dépouilles de l'ennemi. Cependant la plupart de ces objets furent vendus à l'étranger, quand on eut trouvé de

(1) Bouquet, VIII, 183-184; IX, 77.

(2) Pertz, II, 784.

(3) *Leo Diaconus*, IX, 6: « Cœpta jam nocte cum luna pleno orbe colluceret in campum egressi mortuos suos conquisiverunt : hos pro muro coacervatos rogis compluribus accensis cremaverunt, in iisdem captivos numero plurimos viros et mulieres patrio more jugulantes, etc. »

bonnes places pour le commerce (1). Les capitulaires des princes francs défendent souvent les relations commerciales avec les Vikings.

Un corps spécial était chargé du transport et de l'administration des vivres; il se joignait naturellement à l'arrière-garde de la grande armée (2), ou bien il formait une partie spéciale de la flotte (3). Malgré cela il était souvent difficile d'approvisionner ce grand nombre de troupes, et nous voyons parfois l'armée éprouver de grands embarras pour se procurer des vivres. Ibn-al-Coutia raconte que les Vikings, qui en 844 pillaient près de Sevilla, ne voulaient vendre leurs prisonniers que pour des vêtements ou des victuailles (4). Les Normands font des expéditions après la coupe des blés pour s'en emparer. En 896, le roi Alfred et son armée dressent leur camp près d'un fort danois, à Lea, pour défendre les paysans moissonnant le blé et pour empêcher que les Danois ne les privent de la récolte (5). — Dans l'arrière-garde

(1) Guillaume Gemmet, IV, 16; V, 7.

(2) Voir *Script. Rer. Dani,* II, 55 : « Cumque duo comites Sidroc senior et junior in transitu fluviorum ad tutandam caudam totius exercitus semper ultimi proficiscerentur. »

(3) Mabillon, *Acta SS. O. S. Bened.,* II, 415 : « Quia nobilis erat persona custodiæ est deputata navi scilicet victuali. » Guill. Apul., *Muratori,* V, 276.

(4) Dozy, *Recherches,* II, 285 : « Les Madjous ne voulurent accepter ni or ni argent; ils acceptèrent seulement des vêtements et des vivres. »

(5) *Anglo-Saxon Chronicle.* Comparer aussi : Pertz, I, 576 : « Æstivo tempore, antequam segetes in manipulos redigerentur, Heinricus cum exercitibus utriusque regni Parisius venit. »

de l'armée se trouvaient les troupeaux volés qui étaient si nombreux que, d'après les données des chroniques, les sources étaient épuisées là où passait l'armée normande. En fait de provisions, on mentionne surtout du blé, du vin, de la viande de porcs (1); en cas de besoin, on tue et l'on mange aussi les chevaux (2). Dans les mois d'automne les Vikings s'occupaient généralement de recueillir de grandes provisions pour l'hiver (3).

(1) Dudon, 149 : « Duodecim naves frumento vino atque lardo Oneratæ; » 287 : « Oneratis farre tergisque suum navibus. »

(2) *Anglo-Saxon Chronicle*, 894 : « They were distressed for want of food, and had eaten a great part of their horses and the others had died af hunger. »

(3) Pertz, I, 401 : « Fruges diversi generis congregantes sibi ad hiemandum et inhabitandum . . . disposuerunt » ; 403.

## POST-SCRIPTUM.

Avec ces observations relatives à l'art militaire se terminent ces études préliminaires sur l'histoire des Normands. Elles ne forment pas un ensemble, mais elles touchent à divers points qui sont de la plus haute importance pour comprendre le caractère et les résultats des expéditions des Vikings. C'est à proprement parler tout un programme que pourra plus tard remplir l'érudit qui voudra écrire leur histoire.

Le travail original dont nous offrons ici la traduction, renferme une partie ayant trait aux *causes des expéditions normandes* que l'on chercherait vainement ici : avant de traiter de nouveau cette question, M. Steenstrup a désiré l'approfondir et elle trouvera naturellement sa place dans un autre volume qu'il prépare en ce moment. C'est là notamment qu'il s'occupera de recherches sur le nombre des premiers colons danois, sur la rapidité de l'accroissement de leur population et sur l'attachement remarquable qu'ils portèrent dès le début au sol conquis.

Cette traduction, achevée depuis près de trois ans, paraît aujourd'hui un peu tardivement. Depuis sa rédaction, les investigations se sont multipliées et la science a marché, mais l'auteur croit pouvoir affirmer, sans être taxé de présomption, que généralement les résultats acquis sont venus confirmer et corroborer par de nouvelles preuves les affirmations émises dans ses premiers essais : il renvoie du reste les lecteurs qui voudraient étudier spécialement tous ces problèmes si intéressants à ses deux volumes : *Les Normands*, au traité des *Colonies Danoises au Xᵉ siècle en Flandre et dans les Pays-Bas*, ainsi qu'aux comptes rendus critiques auxquels ces publications ont donné lieu (1).

(1) *Historiskt Bibliotek*, publié par Silfverstolpe, 1877. Nouvelle série, vol. I, p. XCIV-CII. *Nordisk Tidskrift fœr Vetenskap, Konst och Industri*, 1879. 3ᵉ cahier, p. 288-302 (M. Nils Hœjer). *Nyt norsk Tidsskrift*, I, p. 140-160 et 338-401 (M. Gustav Storm; comp. aussi *Norsk Historisk Tidsskrift*, 2ᵉ série, I, p. 371-491; II, p. 260-293, ainsi que l'ouvrage de M. Gustav Storm, *Kritiske Bidrag til Vikingetidens Historie*). *Jenaer Literaturzeitung*, 1877, No. 2, p. 25-27; 1878, No. 51, p. 722-723. *Gœttingische Gelehrte Anzeigen*, No. 41, 13 oct. 1880 (M. Konrad Maurer). *Literarisches Centralblatt*, 1877, No. 11, p. 330-334. *Historische Zeitschrift*, Nouvelle série, vol. III, p. 241-263; vol. VII, p. 323-328 (M. Karl v. Amira). *Revue historique*, 1877, deuxième année, t. IV, p. 424-430; 1880, t. XII, p. 181-186; t. XIV, p. 405-407 (M. Eugène Beauvois). *Athenœum*, No. 2660. 19 oct. 1878, *Academy*, No. 343, 8 mai 1880 (M. George Stephens); *Academy*, 12 oct. 1878, p. 357.

# TABLE DES MATIÈRES.

III.

NOMS DES PEUPLES NORMANDS.



III.

REGNER LODBROG ET SES FILS.

Caen, Typ. F. Le Blanc-Hardel.

## DU MÊME AUTEUR :

*Studier over Kong Valdemars Jordebog* (Études sur le cadastre du roi Valdemar), d'après les sources imprimées et les manuscrits. Copenhague, Rudolph Klein, 1874; XII + 494 pages in-8°. Prix : 11 fr. 15 cent.

*Professor Paludan-Müller og Kong Valdemars Jordebog.* Copenhague, Rudolph Klein, 1874; 60 pages in-8°. Prix : 90 cent.

*Indledning i Normannertiden* (Études préliminaires sur l'époque des Normands. Aussi avec titre : Les Normands I). Copenhague, Rudolph Klein, 1876; X + 382 pages in-8°. Prix : 8 fr. 35 cent.

*Vikingetogene mod Vest i det IXnde Aarhundrede* (Les expéditions à l'Ouest au IXe siècle. Les Normands II). Copenhague, Rudolph Klein, 1878; VI + 406 pages in-8°. Prix : 8 fr. 35 cent.

*Danske og norske Riger paa de brittiske Œer i Danevældens Tidsalder* (États danois et norvégiens dans les Iles-Britanniques au temps de la domination danoise. Les Normands III, 1er fascicule). Copenhague, Rudolph Klein, 1879; 287 pages in-8°. Prix : 6 fr. 25 cent.

*Danske Kolonier i Flandern og Nederlandene i det Xende Aarhundrede* (Colonies danoises au Xe siècle en Flandre et dans les Pays-Bas. Extrait de Historisk Tidsskrift. IVe série, vol. VI). Copenhague, 1878; 16 pages in-8°.

CPSIA information can be obtained at www.ICGtesting.com
Printed in the USA
LVOW052156120412

277384LV00013B/86/P